水上运动概论

主　编 / 李道科
副主编 / 吴　迪　赵少杰　施文敏
主　审 / 杨少雄

大连海事大学出版社
DALIAN MARITIME UNIVERSITY PRESS

图书在版编目(CIP)数据

水上运动概论 / 李道科主编. — 大连 : 大连海事大学出版社, 2022.6(2025.8 重印)
ISBN 978-7-5632-4245-0

Ⅰ. ①水… Ⅱ. ①李… Ⅲ. ①水上运动—概论 Ⅳ. ①G86

中国版本图书馆 CIP 数据核字(2022)第 082161 号

大连海事大学出版社出版

地址:大连市黄浦路523号 邮编:116026 电话:0411-84729665(营销部) 84729480(总编室)
http://press.dlmu.edu.cn E-mail:dmupress@dlmu.edu.cn

大连天骄彩色印刷有限公司印装 大连海事大学出版社发行

2022 年 6 月第 1 版 2025 年 8 月第 2 次印刷
幅面尺寸:184 mm×260 mm 印张:10
字数:241 千 印数:2001~3000 册

出版人:余锡荣

责任编辑:魏 悦 责任校对:张 慧
封面设计:解瑶瑶 版式设计:解瑶瑶

ISBN 978-7-5632-4245-0 定价:65.00 元

前　言

随着我国社会经济的快速发展和生活品质的不断提高，人们对健身活动的需求日益增长，参与多元化、多层次的体育运动已成为一种全新的生活方式。近些年，国内水上运动蓬勃发展，亲水、玩水符合大众消费升级的需求，参与水上运动逐渐成为大众休闲体育活动的新潮流。

本书介绍了我国目前较为流行的水上运动项目及其运动技巧，是一门综合性的水上运动入门教程。通过学习，学生能加强对水上运动项目的认识，掌握水上运动相关理论知识及技能，熟练使用各种水上运动装备和设施，培养良好的水上安全意识与环保意识。

本书的编排按照运动项目进行设计，按章节依次为皮划艇运动、桨板运动、冲浪运动、帆船运动、帆板运动、风筝冲浪运动和龙舟运动等7项无动力水上运动，以及摩托艇运动、尾波冲浪运动、水上飞行器运动和动力冲浪运动等4项动力装置水上运动。课程采用户外现场教学为主，从器材与装备入手，介绍各项运动的基本动作、技巧及注意事项，同时将水上运动的安全意识贯穿在教学之中。

本书由福建船政交通职业学院李道科副教授担任主编，吴迪、赵少杰、施文敏担任副主编，福建师范大学体育科学学院杨少雄教授担任主审。各章节编写人员具体如下：李道科和施文敏负责第一章、第二章，陈海鹰负责第三章，吴迪负责第四章，陈天榕负责第五章，张梦园负责第六章，陈耿负责第七章，黄燊渊和林楚负责第八章，林斯捷、赵少杰和刘丽娟负责第九章，黄志腾、姜志杰、林运辉、林飞飞、洪臻畴负责第十章。本书的插图由刘健、黄禧两位摄影师提供。

本书在编写过程中得到了福州市水上运动协会、FZSUP桨板俱乐部、福州闽江舟友皮划艇俱乐部、福州鹤舞浪尖冲浪俱乐部、闽帆汇帆船航海俱乐部、福州追风者风筝冲浪俱乐部、福州纯玩野俱乐部、福州市闽侯县好玩家户外运动有限公司和上海英邦文化传播有限公司等单位的大力支持与指导，特此鸣谢！

由于编者的理论水平和实践技能存在一定的局限性，书中难免存在不足之处，真诚地希望水上运动专家和爱好者给予批评和指正。

编　者

2021年12月

目 录

第一章

绪论

水上运动是各种与水有关的体育运动的统称。这些运动依据主要活动空间与水面的关系,大致可以区分为"水面下""水面上"以及混合两种状况的"水中"三大类。其中有一部分运动的主要活动空间虽属于水面下或水中,但其名称已经被习惯性地使用"水上"二字。

近年来,在我国"一带一路"倡议、"海洋强国"发展战略不断推进和全民健身、"健康中国"国家战略逐步实施的契机下,我国的水上运动迎来前所未有的发展之势。随着居民收入和生活水平的提高,水上运动项目逐步在大众生活中普及。水上运动具有很强的观赏性与挑战性,是当下都市人群的运动新趋势。

按有无动力分,水上运动可分为无动力水上运动和动力装置水上运动;按类型分,水上运动可分为水上竞技项目、船类竞技项目、滑水运动和潜水运动等。水上竞技项目包括游泳、跳水、水球和花样游泳等。船类竞技项目包括划船运动、赛艇运动、皮划艇运动、帆板运动和摩托艇运动等。滑水运动包括水橇运动、滑水板运动和冲浪运动。潜水运动是运动员借助于轻便的潜水装具(如呼吸管、呼吸器和脚蹼),在水下进行的竞赛及其他体育活动。

本书介绍的水上运动主要按照有无动力来区分,其中的皮划艇运动、桨板运动、冲浪运动、帆船运动、帆板运动、风筝冲浪运动和龙舟运动属于无动力水上运动,摩托艇运动、尾波冲浪运动、水上飞行器运动、动力冲浪运动属于动力装置水上运动。

第二章 水上运动安全

随着我国经济的飞速发展、国民生活水平的不断提高,人们回归自然、向往自然、与自然和谐共生的意识日趋强烈。人们在运动健身方面的选择越来越多元化,从以往在运动场馆里面进行锻炼,逐渐演变成户外水上运动。最近几年,水上运动在我国各地不断兴起,当越来越多的人参与水上运动时,运动的安全性和风险性就是我们首先应当考虑的问题。针对本书中涉及的水上运动项目的安全共性,我们归纳总结出以下内容作为共性安全常识。此外,根据每一种运动的独有特点,涉及的安全常识将在每项运动相关章节中再做具体说明。

第一节 水上运动的安全意识与装备

一、水上运动的安全意识

(一)溺水

1. 溺水者八大无声迹象

(1)溺水者不会呼救。他们必须先能呼吸,才能说话。一个人溺水时,嘴巴会没入水中后再浮出水面,中间没有时间呼气、吸气,更没有时间呼救。

(2)溺水者无法挥手求救。溺水者会本能地将双臂伸到两侧,向下压,让嘴巴浮出水面,小孩则可能会将手臂前伸。总之,他们无法划水朝救援者移动,或把手伸向救援设备。

(3)溺水者在水中是直立的,没有踢腿的动作。他们只能挣扎很短的时间,之后就会沉下去。

(4)眼神呆滞,无法专注或闭上眼睛。

(5)头发可能盖在额头或眼睛上。

(6)头可能在水中,嘴巴在水面;头可能后仰,嘴巴张开。小孩的头则可能前倾。

(7)溺水最重要的迹象就是看起来不像溺水。他们看起来可能只是在抬头看天空、岸际、泳池边或码头。这个时候你要问:"你还好吗?"如果他们能回答,大概就没事;如果他们的眼神涣散,你可能就只有不到1分钟的时间进行施救。

(8)小孩在戏水时会发出很多声音。当发现孩子安静无声时,就该去看看怎么回事。

2. 溺水急救方法

(1)将溺水者抬出水面后,应立即清除其口、鼻腔内的水、泥沙及污物,并解开其衣扣、领口,以保持呼吸道通畅。

(2)对呼吸停止者应立即进行人工呼吸,一般以口对口吹气为最佳。急救者位于溺水者一侧,托起其下颌并捏住其鼻孔,深吸一口气后,往溺水者嘴里缓缓吹气,待其胸廓稍有抬起时,放松其鼻孔,并用一手压其胸部以助呼气。该运动反复并有节律地进行,直至溺水者恢复呼吸为止。

(3)对心跳停止者应先进行按压。让溺水者仰卧,头低稍后仰,急救者位于一侧,面对溺水者,右手掌平放在其胸骨下段,左手放在右手背上,借自身身体重量缓缓用力,不能用力太猛,以防骨折,将胸骨压下5厘米左右,然后松手腕(手不离开胸骨),使胸骨复原,反复、有节律(60~80次/分钟)地进行,直到溺水者心跳恢复为止。

(二)失温

1. 失温症

当气温和水温加起来小于等于28 ℃时就需要小心失温症的发生。在某些情况下,长时间暴露在雨天等潮湿环境中,也会导致失温症的发生。

失温症是由于身体长期暴露于低温和潮湿环境下而引起的。当人体深部温度(直肠、食管和鼓室)低于35 ℃的状态时,失温症可直接或间接地造成死亡;如果体温降到32 ℃以下,人体器官将无法正常代谢和工作。

在水上运动中,落水在所难免。寒冷季节,甚至是不太冷的天气,都不要低估跌进冷水时不能及时离水而带来的危险。如果水温比气温冷得多,即使是在较暖和的天气落水,也是很危险的。一般而言,如果气温和水温加起来小于等于28 ℃,就应该采取相应的措施。要根据水温而不是气温来穿着下水服装。

2. 失温救援程序

(1)将落水者救起后,进入干燥的庇护所。

(2)擦干身体后换上干爽、保暖的衣物。

(3)尝试通过以下步骤缓慢增加落水者的体温:①用毯子盖住头和脖子;②用干毯子或毛巾将身体裹起来;③用隔热装置(如反射式急救毯)裹住身体。

二、水上运动的安全装备

水上运动的安全装备主要是救生衣。本书涉及的大多数运动中,虽然运动器材本身就有浮力救生的作用,但在进行运动的时候,穿救生衣是必要的规定动作(冲浪运动除外，在冲浪运动章节中再展开讨论）。救生衣是一种救护生命的服装，一般采用尼龙面料或氯丁橡胶、浮力材料或可充气的材料、反光材料等制作而成。救生衣穿在身上后具有足够的浮力，使落水者头部能露出水面。

救生衣主要可以分为 3 种款式：腰带式、挂肩式和背心式。

1. 腰带式

此类救生衣适合经验丰富的玩家，需要定期检查充气囊和充气装置是否完好。腰带式救生衣如图 2-1 所示。

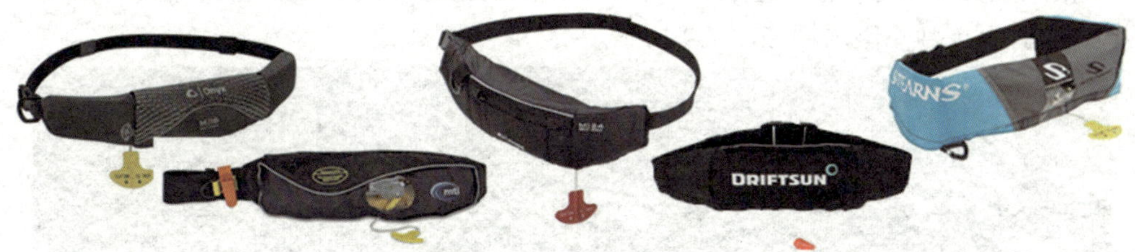

图 2-1　腰带式救生衣

2. 挂肩式

此类救生衣需要手动操作快速充气。挂肩式救生衣如图 2-2 所示。

图 2-2　挂肩式救生衣

3. 背心式

此类救生衣是最常见的、可靠性最好的救生衣，不需要手动操作充气。背心式救生衣如图 2-3 所示。

图 2-3　背心式救生衣

第二节　水上危险区域识别

一、滚水坝

滚水坝其实就是低溢流堰，是一种高度较低的拦水建筑物。其主要作用为抬高上游水位、拦蓄泥沙。滚水坝如图 2-4 所示。

图 2-4　滚水坝

滚水坝之所以有大的杀伤力，主要有以下几方面因素：

（1）水的翻滚扰动会产生大量气泡，导致身在其中的人的浮力减小。

（2）上下翻滚的水流会产生很大的吸力，原本能浮在水面的人也难以控制自己的方向。

（3）激流中可能会裹挟石块、木块等杂物，跌入其中的人容易因遭受撞击或磕碰石壁而昏迷。

任何类型的滚水坝都会造成极大的溺水危险。人一旦不慎落入滚水坝中，就会被卷入其中，并且很难从循环滚动的水流中脱逃出来。即使是非常有浮力的物体，例如充气球、内胎和救生衣，也会卷入其中，从底部到表面循环，持续数小时后才能逃离所谓的“死亡洗衣机”。

应急办法：如果不慎跌落滚水坝，要立即脱掉救生衣以减小浮力，深入水流内部，被激流卷入水底后，尽力往水流下游方向游动，努力挣脱出旋涡中心。

二、离岸流

离岸流是一股强大、局部、狭窄的水流。它远离海岸，像河流一样快速流向外海。由于水量大、水流窄，离岸流的流速高，足以将一个成年人在短时间内冲向海洋深处。

离岸流如图 2-5 所示。在海边,很多溺水事故都是由离岸流造成的。

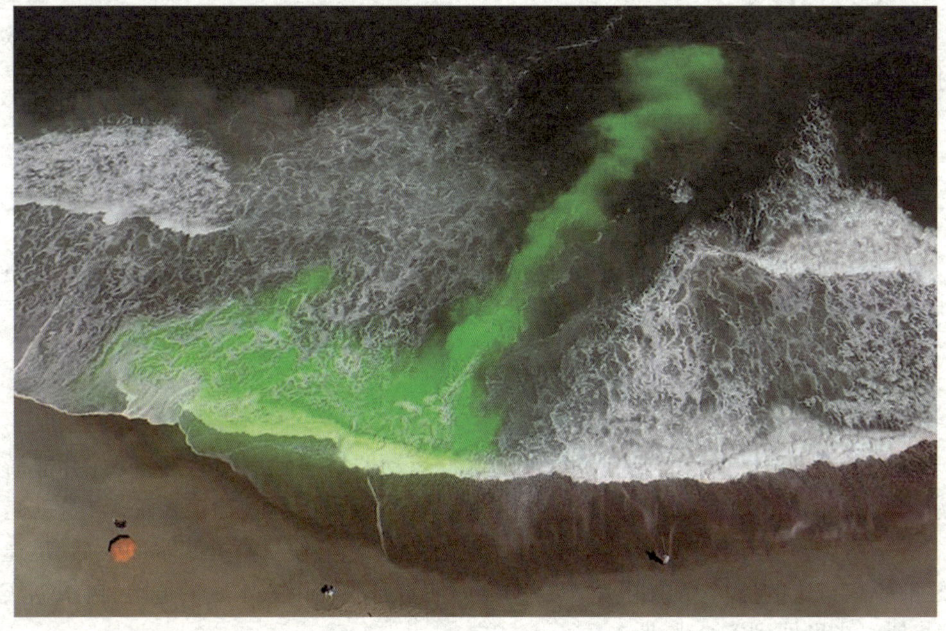

图 2-5 离岸流①

应急办法:当遇到离岸流时,不要与其抗争。正确的做法是:向与海岸线平行的方向游出离岸流区,游到岸边;先随离岸流漂流至深水区,漂离离岸流区后再向岸边游。

第三节 水上运动的自救与救援

一、水上运动安全守则

在我国体育竞技项目和健身活动项目中,跟水有关的运动项目都列入高危险运动项目,如游泳、赛艇、帆船等。每年在全国江河湖海中溺水身亡的事件不胜枚举,绝大多数的事故案例都是因为溺水者自身没有安全意识或没有遵照安全要求而发生的。因此,为了更加安全、健康地开展水上运动,需了解水上运动的安全守则,具体如下。

1. 掌握自身健康状况

水上运动员对自身的身体健康状况要非常了解。患有高血压、心脏病、皮肤病、传染病、癫痫等疾病以及有陈旧性损伤、处于各种手术恢复期、产后六个月内的人群均不宜参加各种水上运动项目的活动;其他人群感到身体不适,或生病、疲劳和酒后也不宜参加各种水上运动项目的活动。

① 图片来源:NOAA (National Oceanic and Atmospheric Administration)。

2. 做好热身及准备工作

运动前要做好充分热身，穿戴符合项目安全要求的救生设备，并检查救生衣、救生哨和安全脚绳等装备是否有损坏。

3. 遵守“结伴而行”的原则

户外水上运动应遵守“结伴而行”的原则，两人以上同行，尽量不要独自出行。

4. 避开航道水域

水上运动必须避开船舶航道，不得从行驶的船舶或快艇前强行通过，不得靠近趸船或从趸船近岸内侧穿行，以防止强流吸入后遇险。

二、水上运动自救

请注意这里讲到的自救是在进行使用水上运动器材遇到危险时的自救（并非游泳者溺水的自救）。本书涉及的水上运动中的器材（桨板、皮划艇、冲浪板等）自身就是救生工具。所以，一旦遇到危险，水上运动员应先保持冷静，使自身处于水面上后，迅速找到之前脱离身边的器材，利用器材本身的浮力使自身脱离沉入水底的危险，再根据实际情况，通过求助回到安全地带。

三、水上运动救援

水上运动救援应遵循在确保自身安全的前提下，尽量在利用如桨板、皮划艇、冲浪板等有浮力的器材做保障的基础上，对溺水者实施救援。首要任务是将溺水者带离危险水域，尽量带到岸上，如溺水者处于非清醒状态，应根据情况进行判定，开展心肺复苏等救援工作。

第三章
皮划艇运动

第一节　皮划艇运动概述

皮划艇运动(Canoeing)是一种划桨前进的水上体育运动。广义上的皮划艇运动是指以皮划艇为主要活动的运动。它包括和其他活动结合的运动(如皮划艇露营),或其他活动中,只以皮划艇来作为移动方式的运动。在欧洲,皮划艇运动除了包括划艇运动(Canoeing)外,也包括皮艇运动(Kayaking)。

皮划艇的前身是早期人类的生存和交通工具,即独木舟。皮划艇是一种前后方向呈尖状的船,它的起源是因纽特人的兽皮船。

皮划艇比赛中使用的艇共分为两类:一类是皮艇(Kayak);另一类是划艇(Canoe)。两者都是前后呈尖状的。皮艇是用双叶桨推动的爱斯基摩式艇;划艇则为加拿大式艇,用单叶桨推动。男子的皮艇和划艇于1936年奥运会被列入正式项目,女子皮艇则在1948年才成为奥运会正式比赛项目之一。

今日的皮划艇运动逐渐远离生产劳动,多半属于娱乐或体育活动,或是这些活动的一部分。本章主要介绍的是使用双头桨划行,以休闲娱乐为目的的皮划艇运动,如图3-1所示。

图3-1　皮划艇运动

第二节　皮划艇运动的装备与器材

一、皮划艇的结构与分类

皮划艇的结构：艇头、把手、前甲板、行李舱、座位、脚蹬调整系统、后甲板、艇尾、尾舵和尾鳍，如图 3-2 所示。

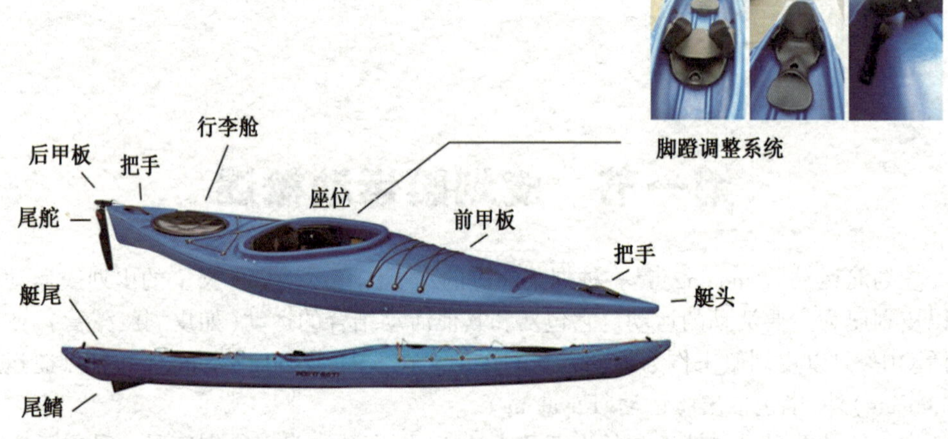

图 3-2　皮划艇的结构

皮划艇的分类如下。

（一）按用途划分

1. 海洋舟

它一般用于长途旅行跳岛①等，有较大的前后行李舱，可装载露营食物及其他装备。它一般较细长，为 5~6 米，速度较快，适合海划旅行观光等。海洋舟如图 3-3 所示。

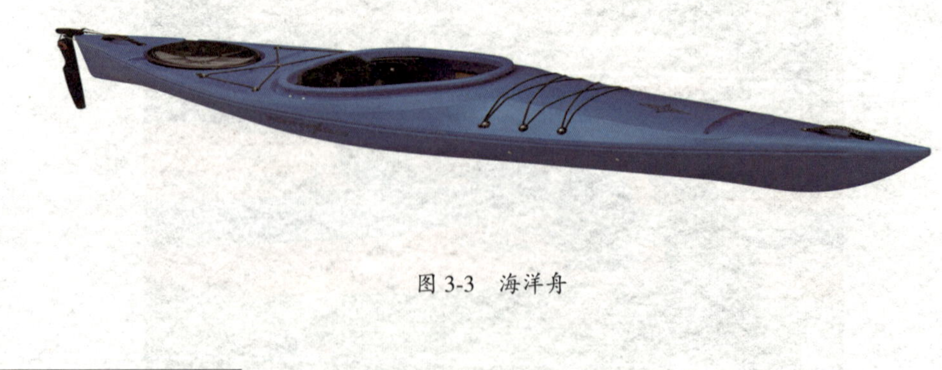

图 3-3　海洋舟

① 跳岛是指用艇当交通工具在各个岛屿之间划行旅行的一种方式。

2. 激流艇

它适用于在激流白水[①](Whitewater)的急流中做各种冲浪等动作,机动灵活,但速度性差,划艇者要有较强的控艇能力。激流艇如图 3-4 所示。

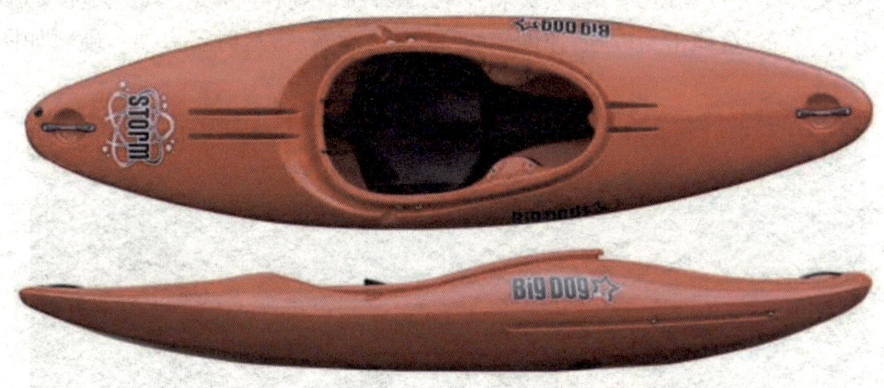

图 3-4 激流艇

3. 平台舟

平台舟底部扁平、稳定性好、速度慢,适合近海钓鱼等活动。平台舟如图 3-5 所示。

图 3-5 平台舟

---

① 激流白水是指河流的流速很快,水流与水下的岩石碰撞后产生的大量白色气泡。

（二）按材质划分

1. 硬艇

硬艇又称硬壳皮划艇，有滚塑、玻璃纤维、碳纤维、木质等材质。其优点是质地相对坚硬，耐磨、结实，抗撞击力较强，速度较快；缺点是运输、搬运时不方便。硬艇如图 3-6 所示。

图 3-6　硬艇

2. 充气艇

它的最大特点是轻便、易携带，缺点是续航时间较短，速度慢，不易控制，抗撞击力差，危险性较高。充气艇如图 3-7 所示。

图 3-7　充气艇

（三）按专业划分

1. 竞技皮划艇

为了提高速度，竞技皮划艇底部比较突出，一般呈“V”形，速度快，稳定性差，入门新手很难在艇上保持平衡。竞技皮划艇如图 3-8 所示。

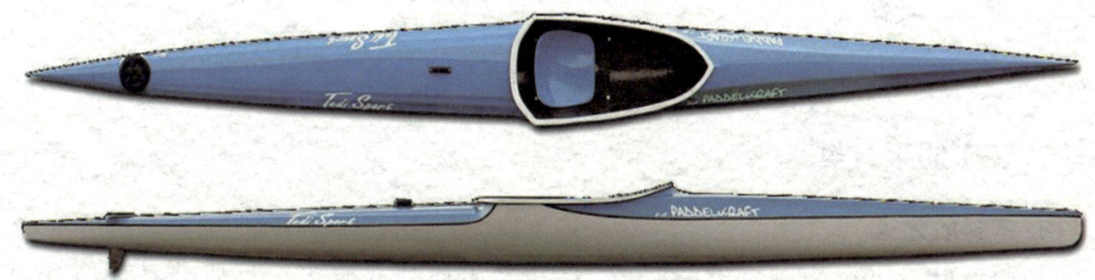

图 3-8　竞技皮划艇

2. 休闲皮划艇

休闲皮划艇的底部比较平，稳定性强，速度比竞技皮划艇慢，比较适合新手入门及大众娱乐，长途旅行也主要选择此类艇。休闲皮划艇如图 3-9 所示。

图 3-9　休闲皮划艇

二、皮划艇的船桨结构和船桨分类

（一）船桨结构

船桨是皮划艇运动的主要组成部分。船桨有多种形状、尺寸和材质。船桨由桨叶和桨杆构成，桨叶分为桨面和桨背：有弧度、呈凹面的称为桨面，也叫施力面，该面能产生推进舟体的动力；另一面称为桨背。桨叶形状有长刃和短刃之分。船桨结构如图 3-10 所示。桨杆的类型分为直柄桨和曲柄桨两种。

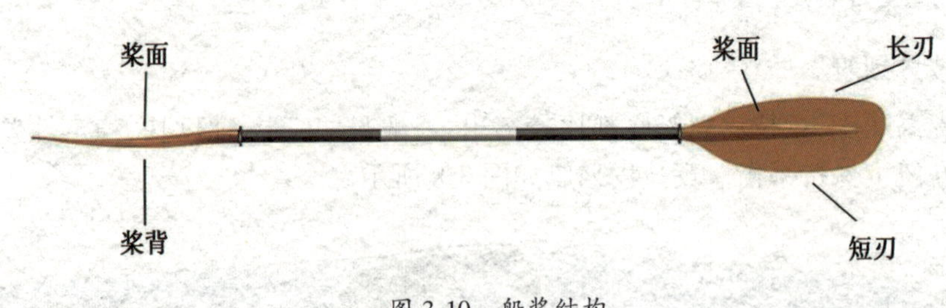

图 3-10　船桨结构

（二）船桨分类

1. 按材质分类

船桨按材质可分为碳纤桨、塑叶铝杆桨和木质桨。船桨按材质分类如图 3-11 所示。

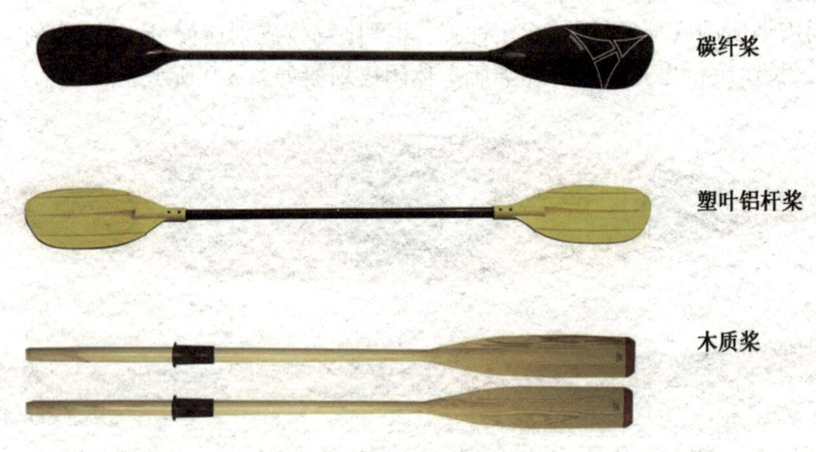

图 3-11　船桨按材质分类

2. 按用途分类

船桨按用途可分为白水桨、勺子桨(瓢型桨)和格陵兰桨,如图 3-12 所示。白水桨一般桨面较宽,容易支撑平衡。勺子桨在同一桨频内抓水多,兜水量大,划行速度更快。格陵兰桨在长途巡航时更轻便。

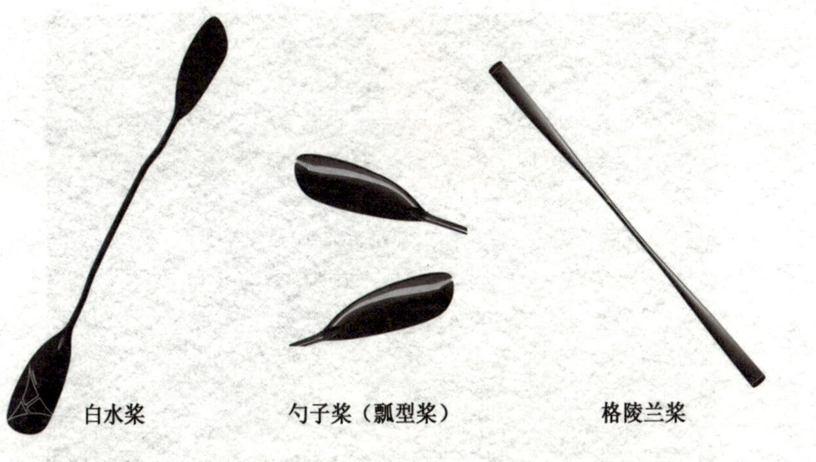

图 3-12　船桨按用途分类

三、救生衣

皮划艇运动中所使用的救生衣基本上以背心式救生衣为主。参见第二章第一节中的图 2-3。

四、防水围裙

防水围裙,又称防浪裙,通常是上下开口的桶式裙。它的上下两口均有松紧带,上口紧箍在玩家的腰部,下口紧扣住皮艇座舱的舱口,如图 3-13 所示。防水围裙的尺寸根据使用者的腰围与使用艇的舱围来选择,套上防水围裙后应把拉手(救命绳)裸露在舱口外,如图 3-14 所示。

图 3-13　防水围裙

图 3-14　防水围裙的拉手

防水围裙的主要作用：当水花溅向舱座时，可以防止水进入舱内造成积水；在训练和比赛时使用防水围裙，皮艇舱内就构成了密封舱，即使翻船也不会进水。

第三节　皮划艇运动的技术动作与教学

一、选桨与用桨

选桨时，平举船桨，将船桨施力面对着自己，短刃在下，长刃在上，如图 3-15 所示。桨的选择主要考虑两个方面因素：一个是桨的长度；另一个是桨叶的尺寸。决定以上因素的则是使用者的身高和艇的高度。

图 3-15　选桨

选择桨的长度时，可两手正握桨杆，对称地放在头顶上，上臂平行，肘关节屈成90°，两手距离桨颈15厘米左右，再加上两桨叶的长度，即为适宜的桨长，如图3-16所示。

图3-16 桨长的选择

在下水划艇之前应在陆地上穿好救生衣，调整艇的脚蹬长度，保持膝盖微曲，以便发力。划艇前期准备如图3-17所示。

图3-17 划艇前期准备

二、安全上下艇

1. 码头上艇

首先检查救生衣是否穿好，如果使用防水围裙，可以先卷起，以免入舱时坐在围裙上。将船桨放在伸手可及的地方。时刻记得，当需要把身体重量加在艇上时，一定要加在艇的中心线上，否则容易翻落。先要按紧座舱圈的后沿，脚的位置也要放在座舱的中心线附近。码头上艇的注意事项如下：

(1)上艇时第一只脚踏在船艇中心线靠近岸边的一侧(用力时皮划艇不会漂开)。

(2)两腿进入皮划艇时是盘腿的状态,然后伸展开,出艇的时候也一样。

(3)先使腿部盘起,然后用力。

(4)整个重心尽量放低,用腿部控制艇离岸边的距离。初次上艇不要紧张,应保持腰部放松,控制船体的稳定性与平衡度。

2. 岸边上艇

找一些可以在岸边作为支撑的东西。把船桨放在皮划艇的座舱前面,船桨另一端的叶片靠在岸边,用手抓住船桨和座舱圈,如图 3-18 所示。桨杆用大拇指扣住并和座舱圈保持一体。用另一只手压住船桨重心,靠近岸边,这样桨与岸边合体后形成一个稳固的三角支撑,将平衡点稍稍移到脚上,手放在支撑的一侧,抬起一只脚放在座舱内,如图 3-19 所示。手始终抓住桨杆与座舱围,稳定后,另一只脚放进驾驶舱,如图 3-20 所示,再坐下。

图 3-18　船桨另一端的叶片靠在岸边,用手抓住船桨和座舱圈

图 3-19　抬起一只脚放在座舱内

图 3-20　另一只脚放进驾驶舱

离开皮划艇时采用同样的方式,但按照相反的顺序进行。

三、平衡与坐姿

（一）平衡

平衡是皮划艇运动保持划行的基础。皮划艇的船体宽度比较窄，在水上速度比较快，因此在皮划艇上就需要积极地保持平衡。

为了保持平衡，需要放松腹部和腰部，保持上身挺直，将视野保持在地平线上，重心始终不离艇的中心线且不要左右摇晃，如图3-21所示。

图3-21 平衡

（二）坐姿

坐进艇仓后身体应位于艇的中心线上，以保持良好的平衡，两膝屈120°~130°，背部要直起，躯干垂直或前倾5°~10°，身体重心应落在艇的重心上或艇的重心稍前，坐正，放松肩部，展胸利于高效呼吸，不要背靠着艇。把脚抵紧脚蹬，让膝盖稍微弯曲，来高效地划艇。坐姿如图3-22所示。重要的一点是：身体躯干和双腿在划艇时起了主要作用，肩部和双臂只起了传递力量的作用。

图3-22 坐姿

四、皮划艇的基础桨法

（一）正向用桨

正向用桨包含 4 个部分：插桨入水、拉桨、桨叶出水和复位。

1. **插桨入水**

以右划水为例：桨叶入水时，上体应围绕纵轴最大限度地向左转动，肩轴和躯干一起转动约 70°，右膝弯曲使臀部稍向前移动，而左膝微伸。这时右肩下斜，右臂充分前伸，右前臂与手呈一直线，左手靠头。桨叶入水时贴近艇体。左脚撑住蹬板，入水点应超过自己的脚尖。桨叶入水发力于腰部，同时转体蹬腿开始直臂拉桨。在入水阶段，桨叶的运动方向是向前、向下、向外。上身轻微前倾，躯干最大扭转，手臂几乎展直。插桨入水的动作如图 3-23 所示。

图 3-23　插桨入水的动作

2. **拉桨**

恢复扭转的身形，开始划水，并保持在下位的手臂近直，划水一边的脚踩紧脚蹬提供助力。在划水的前阶段施加较多的力量，在桨刚入水时，桨手躯干部位的主要肌肉有很好的角度，能较轻松地产生较大的力量。上位的手臂放松，上位的手保持与眼睛在同一水平线上；桨沿着艇的边缘向外划开；手臂轻微弯曲，躯干扭转结束，微挺直。拉桨的动作如图 3-24 所示。

图 3-24 拉桨的动作

3. **桨叶出水**

桨叶划至髋部,将桨叶提拉出水,结束出水动作,右臂曲臂提肘,稍稍转动手腕并向上转桨,使桨叶外缘领先出水。桨叶出水的动作如图 3-25 所示。

注意:用肘带动桨出水,手腕顺从,桨叶出水时相对应的肘部不能高于肩部,前臂随着身躯的转动而运动。

图 3-25 桨叶出水的动作

4. **复位**

桨叶完全出水后,继续扭转上身,为另一侧划水做准备。复位动作如图 3-26 所示。此阶段是一个循环动作中简短的放松调整阶段。大部分肌肉处于放松状态,整个划桨动作是一次连贯、协调的周期性运动,即使是恢复阶段也应轻快而流畅,没有任何停顿,并且不允许艇的速度在两次拉桨之间有明显的减速现象,要努力做到两边划桨动作对称，用力均匀。注意下列易犯错误：

(1)体姿不正确。

(2)躯干转动不足。

(3)每次划桨结束得太慢，出水点相对臀部位置太靠后。

(4)在上位的手伸得太靠前，导致一个较低效的划桨角度。

(5)划桨时重心偏移突然，导致艇身左右晃荡。

(6)手腕用力过度，导致弯曲。

(7)划艇的频率与呼吸节奏不协调。

图 3-26 复位动作

(二)倒划(反向用桨)

倒划即反向用桨，就是正向用桨的逆动作，一般在减速时使用。由于仅仅需要向后划几下以减速，所以动作的标准性并不重要。一般桨叶从后面入水前推至脚尖出水，两手交替进行，注意保持平衡，压低身形，以免皮划艇摇摆、侧倾翻艇。倒划(反向用桨)如图 3-27 所示。

图 3-27 倒划(反向用桨)

（三）转向桨

桨的转向方式有多种，以下重点讲述常用的扫桨转向和桨当后舵转向。

1. 扫桨转向

扫桨转向更适合作为首选的转向方法，因为它并不减慢艇速，也不会打乱划桨频率。扫桨转向如图 3-28 所示。使用正常的前向用桨握桨方式。桨叶入水时，尽量向前一些，让桨在艇侧做大圆弧运动，从艇首划到艇尾。划大圆弧时，用上身和腰部的力量，如果转向不明显，也可以在艇侧单边连续做扫桨动作，促使方向快速调整。为了使艇在其位置上快速旋转，前向划桨的一个很好的补充就是一个从后往前的划桨动作。一侧前划，另一侧倒划，也能快速转向，缺点是影响划行速度。

图 3-28　扫桨转向

2. 桨当后舵转向

使用这个方法时，先让艇正常前行，获得足够的速度，然后在一次正常的划桨动作结束时，让桨停留在水中静止并保持在艇尾处，直到桨面几乎和艇两侧并排。此时桨面的上缘外翻，稍远离艇身，艇会向桨所在一侧变向：如果桨面与水面垂直，艇将直行；相反，如果桨面上缘贴近船体，艇将转向相反的一侧。桨当后舵转向如图 3-29 所示。把船桨当艇尾舵的方法主要用于艇的转向，但如果想让艇减速，则把船桨水平放在水中，向前下按即可。学好这个动作后，即使尾舵损坏，也能使用船桨来达到尾舵的功效。

图 3-29 桨当后舵转向

五、皮划艇运动的安全注意事项

(1)划艇时必须始终身穿救生衣。

(2)判断划艇水域可能遇到的危险(如风、浪、选择路线)。

(3)根据天气海况,决定合适的穿戴,务必重视预防失温与中暑。

(4)不单独划艇,最好结伴同行。

(5)远离滚水坝,不要在洪水中划艇。

(6)将划艇计划告知家人和队友并与组织及时保持联络,手机与对讲机应做好防水保护。

(7)不要在酒后划艇,遵守航道与海事条例。

(8)提早预知划艇的天气情况,雷电、台风天气不许下水划艇。

(9)参与必要的救援练习,每次预备一套完整的应急救援方案。在陌生水域,不要夜划。

(10)清楚自己的个人能力,尊重自然,不要轻易去挑战自己和自然的极限。

第四章 桨板运动

第一节　桨板运动概述

桨板，亦称站立式划桨或直立板，由英文 Stand up Paddle(SUP)直译而来。桨板是用单头桨作为推动力，将桨叶浸入水中，与水产生相对运动，从而驱动桨板在水面前进。多数观点认为，此项运动源于美国夏威夷的桨板冲浪，并逐步由此发展而来。最初，冲浪教练为了管理众多的学员，直立站在加长的冲浪板上，使用单支桨控制平衡并作为动力，便于水面瞭望与水域救援，或者方便给学员们拍照。后来人们发现，在内陆湖泊、河流以及海浪上都可以享受这项运动。桨板运动因简单易学、操控安全、竞技休闲功能兼备、玩法多样、极具挑战性和观赏性，逐步受到众多水上运动爱好者的喜爱。以 2016 年国内第一场正式的桨板赛事“2016 楠溪江国际桨板公开赛”为标志，桨板运动在国内呈快速增长之势。

第二节　桨板运动的装备与器材

一、桨板的结构和分类

(一)桨板板体的结构

桨板板体的结构包括：板首(Nose)、板尾(Tail)、甲板(Deck)、板底(Bottom)、脚垫(Deck Pad)、尾鳍(Fin)等部分，如图 4-1 所示。

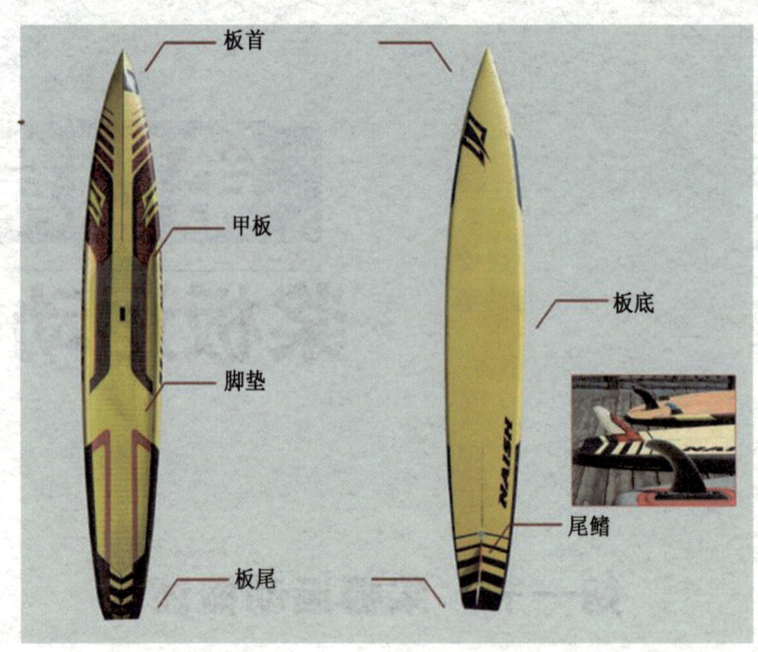

图 4-1　桨板板体的结构

（二）桨板的分类

1. 休闲板

尺寸：宽度一般为 30 英寸(1 英寸 = 2.54 厘米)以上，板头形状以圆形为主，长度适中，一般为 9~12 英尺(1 英尺 = 0.025 米)。

特点：相对其他的板更宽、更大，比其他的板更稳定，适合新手在平缓的水面上玩耍。速度偏慢，转向灵活，除了主尾鳍之外，一般还会有两个副尾鳍。

休闲板如图 4-2 所示。

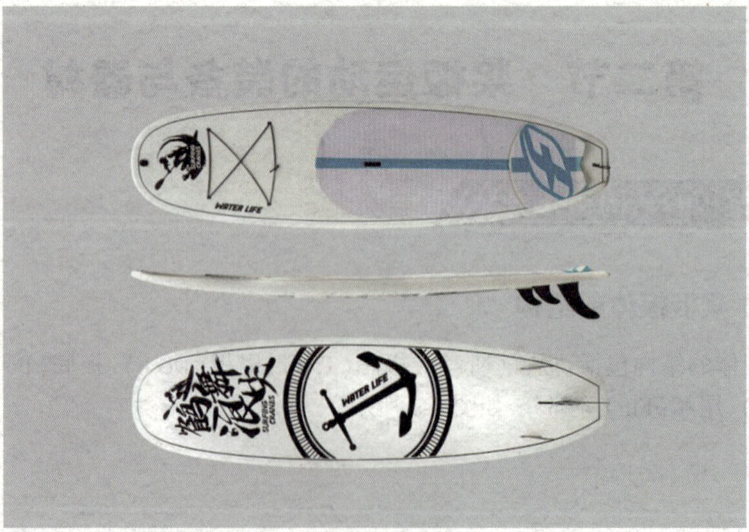

图 4-2　休闲板

2. 旅行板

尺寸:板体宽度和长度适中,宽度一般为 28 英寸以上,长度一般为 11 英尺以上。

特点:板体较长,为了长途和快速划水行进而设计,适合在大湖、湾里做长距离的划行,有一定的装载能力和速度。

旅行板如图 4-3 所示。

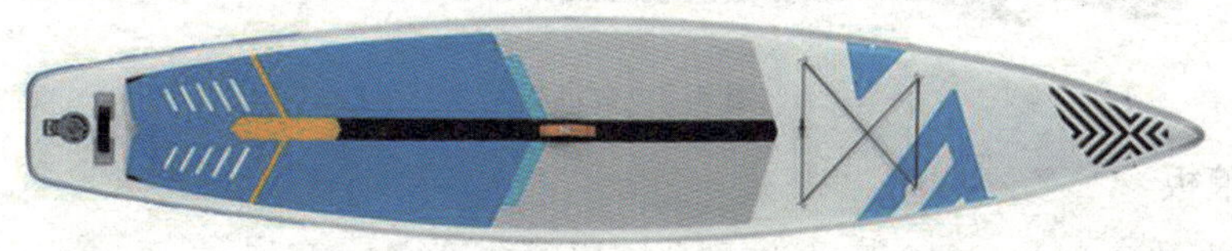

图 4-3 旅行板

3. 竞速板

尺寸:板体较窄,长度较长,宽度为 28 英寸以下,长度为 12 英尺以上。

特点:板体较窄,长度较长。它是为了比赛设计的追求竞速的桨板,牺牲了一定稳定性来获取更快的速度。

竞速板如图 4-4 所示。

图 4-4 竞速板

4. 白水板

尺寸:宽度一般为 32 英寸以上,长度一般为 8~10 英尺。

特点:板体较宽,为了在激流里增加稳定性;板头上翘,为了避免插水;长度较短,提高了其灵活性。它可以灵活转向,以避开快速行进过程中的障碍物,一般配有多个软尾鳍。

白水板如图 4-5 所示。

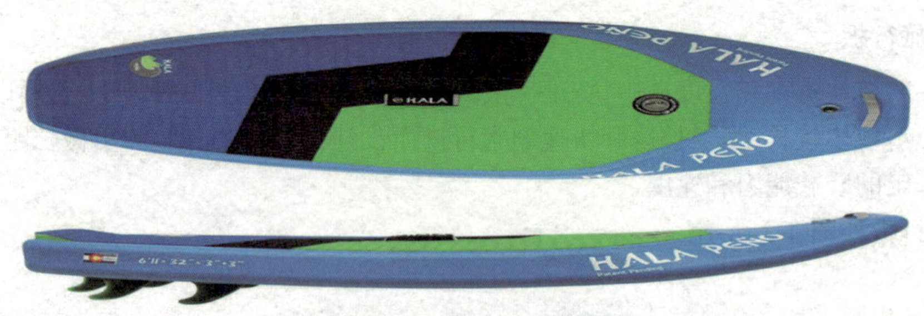

图 4-5　白水板①

5. **冲浪板**

尺寸：长度一般为 6~10 英尺，宽度范围比较大，为 24~32 英寸。

特点：板体短小，板头微上翘，灵活性强，又有长板、短板之分。它一般配备多个副尾鳍。

冲浪板如图 4-6 所示。

图 4-6　冲浪板

6. **救援板**

尺寸：长度一般为 10 英尺以上，宽度比其他板型更宽。设计原则是宽大，浮力更强，承重能力更强。

特点：板体配备辅助救援装置，以方便救援。

救援板如图 4-7 所示。

图 4-7　救援板

① 图片来源：HALA SUP。

二、桨的结构和分类

（一）桨板的桨的结构

桨板的桨的结构包括握把、桨杆和桨叶，如图 4-8 所示。

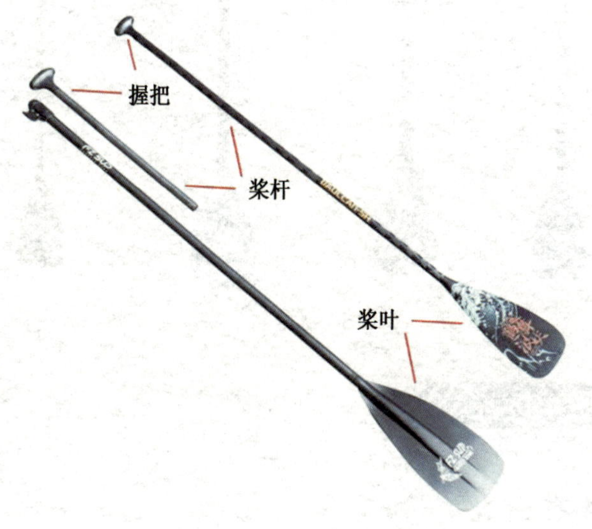

图 4-8 桨板的桨的结构

（二）桨板的桨的分类

1. 铝杆桨

铝杆桨的桨杆是铝合金材质，通常配备塑料把手和塑料桨叶。其优点是结实耐用，造价低廉；缺点是整体较重，易沉水，塑料桨叶容易变形。

2. 复合纤维桨

复合纤维桨的桨杆、桨叶由复合材质做成，常用的材料包括玻璃纤维、碳纤维、凯夫拉等。根据桨杆和桨叶的硬度与柔韧性要求的不同，各种材料使用的比例也不同。

3. 木质桨

手工制作的木质桨常见于个人玩家的定制。

桨板的桨的分类如图 4-9 所示。

图 4-9　桨板的桨的分类

三、个人救生设备

（一）救生衣

桨板运动中所使用的救生衣多数为背心式救生衣，参见第二章第一节中的图 2-3，在本章中不做过多阐述。

（二）脚绳

1. 安全卷绳

这种脚绳在桨板运动中用得比较多，常见于静水中。其最大的特点是绳子部分为全卷式。安全卷绳如图 4-10 所示。

图 4-10　安全卷绳

第四章 浆板运动

2. 冲浪绳

它是一种直绳,尺寸根据冲浪桨板的长度而定,一般为6~10英尺。这种脚绳多用于冲浪运动和桨板运动。冲浪绳如图4-11所示。

图4-11 冲浪绳

3. 快速释放绳

这种脚绳多用于白水桨板漂流,是一种新式绳。它不允许绑在脚上,而是安装在救生衣上。快速释放绳如图4-12所示。因为自身有独立的快速释放系统,它能在受困时快速释放。

图4-12 快速释放绳

第三节　桨板运动的技术动作与教学

一、基本技术动作

基本技术动作包括选桨和用桨、持板、安全上下板、跪姿划水、板上站位、站立划板、划板转向(左转和右转)。

(一)选桨和用桨

桨叶浸入水中后,与水产生相对运动,可以驱动桨板在水面前进。因此,选择一支适合自己的桨并掌握正确的划桨姿势,对于提高自己的桨板划行效率非常重要。

1. 选择桨的类型

桨板的桨分为普通铝杆桨、玻纤桨、碳纤桨,桨叶的大小、形状各异,桨的材质不同,价格相差很大,建议根据各自的水平阶段选择适合自己的桨。在通常情况下,选择一支较好的桨能帮助桨手直观地了解桨的工作原理,理解划行路线、角度、方向。选择一支重量较轻的桨,则有助于减少划行疲劳和提高划水效率。因此,最好在自己基本掌握了划桨的技术之后,根据自己的实际用途来选择划行效果更好的桨。

2. 确定桨的长度

在下水之前,需要确保使用了适合的桨长。桨如果长了,则难以操作;桨如果短了,划起来弓着背,既笨拙又劳累。初学时,可以选择一把可调节长度的桨,在练习时根据需要调整桨杆,找到适合自己的桨长。确定桨长的方法是:人体正直站立,让桨竖起,桨叶朝下,“T”形桨柄的高点高出身高 10 厘米,这是标准的划桨长度,如图 4-13 所示。

图 4-13　确定桨长的方法

但根据用途不同,选择的桨长也不同:划长距离时,可以选择长一点的桨;划短距离时,可以选择短一点的桨。根据器材(桨板的厚度、宽度,板的吃水)、体重、划桨习惯等的不同,可选用不同的桨长标准,需要进行动态调整,以达到最佳的划桨效果。

3. 握桨的方法

(1)握桨方向:桨叶应该向前弯曲,而不是向后弯曲,如图 4-14 所示。

图 4-14　握桨方向

(2)握桨距离:一只手抓住桨末端的"T"形桨柄,另一只手握住桨杆,把桨举过头顶,使其与肩平行,把桨搁在头顶,一只手仍旧握在"T"形桨柄上,另一只手挪动位置,使两只手臂在肘部形成 90°,这个位置就是握桨杆的位置,如图 4-15 所示。

图 4-15　握桨距离

(3)在桨杆手持的地方用彩色胶带做个标记,这样就可以迅速地抓住恰当的桨杆位置。

(二)持板

持板以右手为例,具体如下:

(1)右手拉住位于桨板正面中间的拉手(硬板是凹槽)。

(2)桨板的背面靠在身体右侧腋下。

持板如图 4-16 所示。

图 4-16 持板

(三)安全上下板

1. 码头

1)上板

将桨板放置在与码头平行的水中,以跪姿登上桨板。系好脚绳,将桨放在板的甲板上,如图 4-17 所示。

图 4-17 上板(一)

一只手撑在桨板的中心偏前的位置并压住桨,掌握重心,另一只手撑在码头上,如图 4-18 所示。

图 4-18　上板(二)

将一只膝盖移到桨板中心位置,作为人体重心,另一只膝盖随即移到边上,如图 4-19 所示。

图 4-19　上板(三)

平衡好两个膝盖的位置,握好桨,把板体推离码头,如图 4-20 所示。

图 4-20　上板(四)

在确定没有平衡障碍后远离码头，如图 4-21 所示。

图 4-21 上板(五)

双手均衡压住板，双膝分别离板站立，稳定后站立划行。

2)下板

以跪姿方式下板，登上码头，以跪姿划行靠上码头。

(1)先将桨放置在板上或者码头上。

(2)靠近码头的手扶好码头边缘。

(3)另外一只手撑在板的中心线上保持平衡，双手间保持向内用力，以防止板体离开码头，靠码头侧的脚站上码头，待人体重心移到码头后再离开板体。

以坐上码头方式登上码头，以跪姿划行靠上码头。

(1)侧身，双手撑在码头上，随即将身体重心快速移至码头上，也就是迅速坐到码头上。

(2)坐上码头后双脚稍微控制板，以防止板漂走。

注：平衡性好的桨手可以采用以上方法直接半蹲或站立上码头。

2. 沙滩(河滩)

1)上板

(1)先评估周边的环境是否适合上板或下板，了解风向、水流和水深，选择好安全的下水地点。

(2)携带桨板走到水面，直到水深到膝盖，以防止尾鳍刮水底，然后将板放在水面上。

(3)双手均衡压住桨和板面，保持平衡，膝盖跪到桨板手柄的两侧。

(4)跪姿划桨一段距离，远离浅沙滩(河滩)和其他障碍物，到安全的水域。

(5)双手压桨，做好支撑，慢慢屈膝站起来，一次抬起一只脚，稳定后站立划行。

2)下板

(1)跪姿划行至沙滩(河滩)。

(2)倒桨减速,避免冲击沙滩(河滩)后造成板损人伤。

(3)确定水深合适后双手压住桨和板来保持平衡,先放一只脚下沙滩(河滩),然后双脚站立。

(4)扶好桨板,避免来浪时桨板撞人。

注:上下板首要的是掌握重力平衡,要弓腰以降低自身的重心。

(四)跪姿划水

(1)将桨横于板上,桨与板垂直90°。

(2)双手压住桨杆,移动双膝在板中线的中心位置做跪姿,双膝与肩同宽,如图4-22所示。

(3)双手握桨下移30厘米划行,左右换手划桨;

(4)转弯时采用拨板头和板尾的方法加速转向。

图4-22 跪姿划水

(五)板上站位

(1)双脚踩在中间把手的两侧位置。

(2)两脚之间的宽度比肩略宽,略屈膝,站立有弹性。

(3)脚尖要尽量保持向前,不要内“八”字,也不要过度外“八”字,这样有利于膝盖的弯曲和自然舒适,如图4-23所示。

图 4-23　板上站位

（六）站立划板

1. 正划(前进桨法)

以右侧划桨为例,如图 4-24 所示:

图 4-24　正划(前进桨法)

(1)右手握在桨杆上,左手放在桨杆顶部的"T"形桨柄上。

(2)桨叶入水的地方尽可能适度向前,桨叶要全部没入水下,然后沿板壁向后划到脚踝处出水。

(3)划桨时,尽量保持手臂伸直,抬体①转动躯干。用上部的手推动桨柄,而不是用

① 抬体:将身体重心抬起来,不要弯腰驼背,要保持身体上半身直立,膝盖微屈。

下部的手拉桨。

(4)划桨时桨要垂直,有利于保持直线航行。

(5)为了保持直线前进,可以两边换手交替划行。

注:左侧划桨,则交换手的位置。

2. 反划(倒退桨法)

反划可以用来减速、停止和转向,基本上就是正划的逆操作。以右侧划桨为例,如图 4-25 所示:

尽可能地将桨后伸,桨叶在靠近板尾的位置入水,确保整个桨叶都没入水下,此时桨叶背面为受力面。保持右手手臂伸直,扭动身体,而不是仅仅用胳膊的弯曲来推桨。反划时要注意划桨的线路和桨的受力角度,以保证有效的向后效果。左侧反划,则交换手的位置。

图 4-25 反划(倒退桨法)

(七)划板转向(左转和右转)

在正划的基础上,以右转为例:

(1)左手握在桨杆上,右手握住桨杆顶部的"T"形桨柄。

(2)左手前伸,桨叶入水的地方尽可能适度向前,右手推桨高度同肩高,膝盖微曲,如图 4-26 所示。

(3)转动身体,躯干向左扭动划桨,桨叶往后、往左外侧方向划动,如图 4-27 所示。左转则交换手的位置。

图 4-26 划板转向(一)

图 4-27 划板转向(二)

二、划行动作技术

桨板的划桨动作是连贯而有节奏的周期性运动,为理解动作过程,可以把一个划桨循环划分为入水、拉桨、出水和回桨四个动作阶段。

1. 入水

入水是从桨叶尖端接触水面到桨叶全部浸入水中的阶段。入水阶段也称为抓水阶段,是整个周期运动中各阶段的重要一环,是力量传递的关键。

桨手在上一个恢复阶段末期有力摆动的基础上加速将桨叶向板体前端推出,躯干前倾,转体伸肩,使桨叶与水面成锐角,拉桨手向前伸直,推桨手向上伸直(微屈),此时拉桨肩向前,推桨肩稍后移,推手在头上方,收紧躯干,膝部微曲,双脚掌用力扎住板面并蹬腿,快速地将桨插入水中,如图 4-28 所示。

图 4-28 入水

细节要领如下：

(1)稳,动作稳健;

(2)快,入水快速;

(3)轻,入水动作轻盈;

(4)紧,拉桨手腕要锁紧。

如果不掌握以上几个要领,桨叶入水时就会溅起水花,产生涡流,发出“扑通”声,从而影响抓水效果。

2. 拉桨

桨叶入水后,推桨手迅速前推并撑住,使桨叶抓住水,拉桨手的肩后移,利用抬体和转体的力量直臂向后拉桨,从入水到拉桨,桨手应将身体重量压在桨上,拉桨时腰背挺直,臂部肌肉紧张,如图 4-29 所示。拉桨手将桨拉至脚踝附近,达到下一阶段的出水点,此时桨杆与水面的角度为 50°~60°,如图 4-30 所示。

图 4-29 拉桨(一)

图 4-30 拉桨(二)

细节要领如下:

(1)脚掌用力扎住板面很重要,这是力量传递的点。在快速入水的基础上加速拉桨,发挥整个动作循环中的最大力气。

(2)上身肌肉紧绷,腰腹部肌肉紧张。

(3)着重力量的传递链。力量的传导过程:手臂的拉与推→躯干→下肢→脚掌→桨板。

3. 出水

出水点(转桨点)即为拉桨阶段的结束点。当拉桨至脚踝时迅速出水,充分利用桨杆和肌肉剩余的弹性势能,两臂向前、向上提桨,从水中提出。出水时干净利落,不挑起水花,如图 4-31 所示。在出水的同时转桨,推桨手下压和转动"T"形桨把,拉桨手手腕内转上提,逆时针转动桨杆,将桨叶面转到与板的前进方向平行。

图 4-31 出水

细节要领如下：

(1)转桨动作在快速拉桨的基础上加速完成。

(2)转腕动作要柔和。

(3)出水动作必须快，避免拖桨造成阻力。

(4)出水动作必须柔，尽量少带起水花。

(5)到出水点必须提桨，不做无用功。

4. 回桨

它是指从桨叶出水到下一次桨叶入水之间，桨叶不在水中划行的阶段。当桨叶转桨提出水面后，桨手上身挺直并舒展转动向前，推桨手转动桨把并上提向前，拉桨手与髋部一起有力向前移至完全伸展，并转动上体将桨叶继续向前上方推出，如图 4-32 所示。

在回桨阶段，强调肌肉的放松，注意呼吸，这是整个周期动作连贯、协调的重要阶段，此时大部分肌肉处于放松状态。在回桨阶段即将结束时，桨手全身肌肉再度紧张，屏住呼吸，为下一次桨叶入水积蓄势能，提高入水的速度。

图 4-32　回桨

细节要领如下：

(1)送髋动作要舒展并呈鞭打状态，为下个入水动作蓄力。

(2)注意呼吸，此时应深吸气。

第四节　桨板运动的安全事项

一、桨板运动的风险评估

桨板运动始终离不开水，所以水文气象因素是需要考虑的首要因素。恶劣的水文气象条件会加大运动的难度，增加运动的安全风险。影响水上运动的水文气象条件因素具体如下。

1. 风浪

风力对水上运动的影响是非常明显的，当风力达到一定等级时会直接影响运动人员的人身安全。蒲福风级是一种估计及报告风速的方法，根据风对地面物体或海面的影响程度而定出的风力等级。按强弱，风力划为 0~12 级，共 13 个等级，0 级无风，水面平静如镜，5 级劲风，浪高超过 2 米。对于桨板运动的安全评估是风力小于 5 级，可以进行水上运动。0~12 级风力等级划分及特征如表 3-1 所示。

表 3-1　0~12 级风力等级划分及特征

风级	名称	风速/(m/s)	风速/(km/h)	陆地地面现象	海面波浪	浪高/m	最高/m
0	无风	0~0.2	<1	静，烟直上	平静	0	0
1	软风	0.3~1.5	1~5	烟示风向	微波峰，无飞沫	0.1	0.1
2	轻风	1.6~3.3	6~11	感觉有风	小波峰，未破碎	0.2	0.3
3	微风	3.4~5.4	12~19	旌旗展开	小波峰顶破裂	0.6	1
4	和风	5.5~7.9	20~28	吹起尘土	小浪白沫波峰	1	1.5
5	劲风	8~10.7	29~38	小树摇摆	中浪白沫风群	2	2.5
6	强风	10.8~13.8	39~49	电线有声	大浪白沫离峰	3	4
7	疾风	13.9~17.1	50~61	步行困难	破峰白沫成条	4	5.5
8	大风	17.2~20.7	62~74	折断树枝	浪长高，有浪花	5.5	7.5
9	烈风	20.8~24.4	75~88	轻损房屋	浪峰倒卷	7	10
10	狂风	24.5~28.4	89~102	拔起树木	海浪翻滚、咆哮	9	12.5
11	暴风	28.5~32.6	103~117	损毁重大	波峰全呈飞沫	11.5	16
12	飓风	>32.6	>117	摧毁极大	海浪滔天	14	—

2. 气象环境

气象环境是指运动当时水面的气象情况，包括温度、湿度、紫外线强度、雨水的大小、雾和霾的浓密程度、是否会有打雷和闪电等现象发生，这些都是在下水运动前所要考虑的安全因素。

在进行桨板活动时，若周围的环境酷热潮湿，外加运动带来的热量，导致人体排汗量剧增，此时如未能及时补充水分和盐分以弥补排汗的损失，可能引起体温过高的现象，从而出现中暑。因此，在进行桨板运动的前后，均需要补充足够的水分，穿着防晒及透气的衣物以保护好身体。在活动中应调整好运动强度并留有适当休息时间。要时刻注意自身身体机能发出的信号。若感到不适或伴有晕眩感，应立即通知同伴并暂停运动，尽快返回岸上并移至阴凉处补充失去的水分和盐分，降低体温，寻求医疗援助。

在进行桨板活动时，若沾湿的身躯遭遇暴雨或强风，极易导致身体失温，从而造成体温过低；雨水太大时容易造成视线模糊；体力不支时在离岸较远的水域容易发生危险。因此，应随时留意天气转变及感受环境温度的变化，以便决定是否需要穿着胶衣或御寒衣物。可适当储备一些御寒衣物和高热量食物。当感觉到凉意时，需提高警觉，必要时应提前返回岸上取暖，更换沾湿的衣物以防止体热继续散失。

浓雾和雾霾天气会大大影响方向的辨别，特别是在有船只航行的水域，容易与船只相撞，造成意外危险。重度的雾霾天气是不适合进行户外运动的，对人体的呼吸系统有极大的伤害。

在水上正在进行桨板运动时，如遇雷电气象，应当及时上岸寻找干燥区域并躲避，避免被雷电击中造成意外伤害。此外如遇台风、冰雹等恶劣天气，也应当终止运动，等天气好转后再进行。

3. 水域环境

水域环境包括水域流速、水域内船只的数量和船只航行的路线。根据对实际情况的评估，可以很好地规划安全划行的路线及划行的距离。通过对水下是否有礁石、钢管、捕鱼笼等物体的了解，可以规划出合理的上下水的位置，避免在浅水区域和划行路线中因碰到水下物体而给自身造成伤害。水域附近是否取水及排污管道，水质是否受到污染也是要考虑的范围，要根据具体情况做好自身安全划行的评估。

二、能力风险评估

任何一项运动，对运动人员的身体素质和运动能力都是有一定要求的。近几年来，我国马拉松赛场上不时会有运动员猝死情况的发生。每一个爱好运动的人员都应该对自己的身体进行大致的能力评估，确保健康运动，避免意外情况。

1. 个人能力评估

个人能力包括承受能力、技术能力、自救能力及处理突发情况的应急能力。承受能力决定了所要划行的距离和身体所能承受运动的激烈程度。许多运动爱好者是抱着锻炼身体的目的来参加运动的，在运动量小和运动强度低的时候，身体的反应不会太强烈。但突然间运动强度加大，或者运动量超出了自身体能的承受情况时，就会有一定的危险。评估自身的承受能力是安全运动健身的首要条件。技术能力在桨板运动中主要体现在风浪中驾驭桨板的能力。如果风浪太大,而自身的技术不太熟练的时候,要正确认识水上运动存在的潜在危险。自救能力和处理突发情况的应急能力是参与水上运动的最大保障。不可盲目地高估自己在水中的游泳能力和应急能力,在户外的水域中,暗流、旋涡、礁石等都是肉眼看不见的危险。所以在参与水上运动之前,一定对自身的能力进行一个评估,以免危险来临时不能安全地处理。

2. 团体能力评估

随着桨板运动在全国各地的兴起,越来越多的人喜欢桨板运动,各类桨板俱乐部和桨板社团也遍地开花,所以团体桨板活动的安全性也是评估的重要环节。在团体活动中,参与团体的人数、年龄,桨板的技术能力和个人自救能力是评估的几个标准。团体活动中将参与活动的人群按年龄来划分,可以分为青少年、中年和老年;按划桨板的个人能力来划分,可以分为初学者和熟练掌握技术的人员。要针对不同的分组制订不同的训练计划。最后要了解每个小组成员的自救能力和应急能力,这样在团体活动中就可以特别注意,避免危险的发生。

3. 训练计划的安全性评估

训练计划的安全性是贯彻和落实中最有风险的一个环节。在对水文气象和能力风险进行评估后,根据环境和不同的分组人群制订不同的训练计划。首先选择水域范围。在新手较多时,分组的人数不应过多,选择的水域范围不能过大,否则一组人员在水域内过于分散时,出现险情后不能及时救援。如果分组人员的桨板划行能力比较熟练,则可以把水域范围扩大,并告知组员所有划行的路线,采取跟随划行的方式来进行。训练计划的强度要根据分组人群的能力来制订,不可盲目地制订高强度的训练计划,应当循序渐进,确保安全。每次训练的时间也需要合理掌握,如果出现天色变暗、能见度下降的情况,就要缩短训练时间,改变训练计划,确保提前上岸。如果是超长距离的划行,则要准备好补给和急救装备。注意训练的时间间歇,保证训练中能够注意到应急事件的发生并及时处理。

第五章

冲浪运动

第一节 冲浪运动概述

冲浪是一项以海浪为动力的水上极限运动。冲浪者使用冲浪板骑乘在运动浪涌的前部或正面，利用海浪的动力在浪上完成各种技术动作。适合冲浪的波浪主要在海洋中，但在湖泊或河流中也可以冲浪。

冲浪起源于海洋民族在海上的劳动生活，后期逐步演化成为宗教娱乐活动。我们今天所知的现代冲浪被认为起源于夏威夷。1915 年，冲浪运动流行到南美洲大陆。1962 年，第一届世界冲浪锦标赛于澳大利亚的曼利(Manly)举行。2010 年，首届中国海南万宁国际冲浪节举办。2020 年 12 月 7 日，国际奥委会同意将冲浪列为 2024 年巴黎奥运会正式比赛项目。冲浪运动如图 5-1 所示。

图 5-1 冲浪运动

第二节　冲浪运动的规则与器材

一、冲浪运动的规则

一群冲浪者在海里等浪，原则上是一道浪只有一位可以骑乘，就像交通规则一样，每个人都要遵守相应的规则。近年来随着冲浪运动的流行，浪点变得拥挤，引发很多冲突和不愉快，所以必须了解一些冲浪的基本规则：①下水前观察等浪区的位置；②不要去人多的地方和超出自己能力的地方；③在浪区周边划水时不要穿过人群；④不可以抢浪；⑤不可以偷浪；⑥尊重“本地主义”冲浪者；⑦保护环境。

1. 抢浪

离溃点最近的人拥有抓浪权，离溃点第二近的人抓浪就是抢了已经起乘的人的浪。抢浪是最容易造成冲突的行为，如图 5-2 所示。

图 5-2　抢浪

2. 偷浪

偷浪是指当有抓浪权的人准备起乘的时候，位置被他人抢走，有权起乘者因此受到影响，不能完成起乘。偷浪行为很容易引起双方冲突。偷浪如图 5-3 所示。

图 5-3　偷浪

3. “本地主义”

在一些浪点，本地人会声称拥有这块浪点并阻止其他人进入，游客会被排挤。应尽量避免去这些浪点，并遵守礼节，避免冲突。要学会尊重他人，遵守冲浪者礼节，排队等浪，保持微笑，减少冲突。

4. 保护环境

海洋是生命的起源，是我们赖以生存和娱乐的珍贵场所。冲浪者在享受海洋带来的乐趣的同时也必须保护海洋环境。在利用海洋资源时，浪人应担当“环境大使”的角色，在保护环境的同时要教育和引导公众保护环境。

二、冲浪运动的器材

1. 冲浪板的分类

冲浪板的尺寸以英尺和英寸为单位。

(1) 按照长度来分

长板：长度 9 英尺及以上，适合初学休闲玩家。

短板：长度 7 英尺及以下，适合进阶技术玩家。

(2) 按照材质来分

软板：多以泡沫塑料材质包裹，安全性高，适合初学者。

硬板：多以碳纤维和玻璃纤维为主，适合专业玩家。

新手的第一片板应根据自己喜好的风格和所处浪点的海浪形态进行选择。新手应该选择长而宽厚的具有大浮力的板，来获取更好的体验。

2. 脚绳

冲浪板上使用的脚绳是冲浪绳（直绳），脚绳长度要和板长一样，如图 5-4 所示。

图 5-4 脚绳

3. **板蜡**

板蜡是涂在板面以增加摩擦用的化合物,如图 5-5 所示。板蜡因配方不同而硬度也不同。较硬的蜡适用较热的水,较软的蜡适用较冷的水。采用画圆的方式涂蜡,涂到脚踩到板上的位置。

图 5-5 板蜡

第三节　冲浪运动的技术动作与教学

一、搬运冲浪板

冲浪板的搬运非常重要。在受到外力时冲浪板可能损坏并可能伤害自己和身边的人员。运板前要先把脚绳收好，缠绕整齐，注意风向和来往的人员。

1. 侧身搬运

板头朝前，两手握住板中央，将板搬离地面，让一侧板缘朝下并在这一侧用手扣着板缘，用手臂夹住冲浪板，尾鳍朝内。侧身搬运如图5-6所示。

图5-6　侧身搬运

2. 顶板搬运

双手扣住冲浪板的中间两侧，尾鳍朝上，头部顶在冲浪板的中心。顶板搬运如图5-7所示。

图 5-7　顶板搬运

二、划入浪区

在海水没过膝盖后，板头垂直对着浪涌来的方向趴板，向起浪点划行，划入浪区，如图 5-8 所示。

图 5-8　划入浪区

趴板划水的准备：调整在板上的位置，让身体的重心保持在板的中心并保持平衡，如图 5-9 所示。

图 5-9 趴板划水的准备

趴板划水的动作：掌握平衡和节奏，摆正身体，保持板在水面的平衡。手肘弯曲，胸部离开板，手指并成勺状，身体中线和板的“脊骨”中心对齐，抬头挺胸，沿着板弦左右交替用力划水，如图 5-10 所示。

图 5-10 趴板划水的动作

三、出浪区

1. 俯卧撑式越浪

当浪峰穿过板头时，马上用双手按在板上撑起身体（呈俯卧撑状态），让水波从身体和冲浪板之间流过并马上重新趴在板上继续划水，如图 5-11 所示。

图 5-11　俯卧撑式越浪

2. **翻滚式潜越**

当白浪墙较高时,在浪头离板头一两米的时候,马上用双手扣住板缘并向一侧发力,让板翻过扣在身体上方。浪波从冲浪板的上方流过后,马上翻回,继续趴板划水,如图 5-12 所示。

图 5-12　翻滚式潜越

四、坐板候浪

当划至候浪区时,可以趴在或坐在板上保持平衡,面朝浪来的方向观察浪涌,注意和其他冲浪者保持一定的距离,如图 5-13 所示。

图 5-13　坐板候浪

五、完成起乘动作

当观察到适合起乘的浪时，判断溃浪的方向，调转板头，面朝沙滩，加力划水，感受到有一股推力时，双手及时收到腹部两侧并同时撑起身体，弓背，收腹，双脚快速跳起，前脚踩到冲浪板的中心位置，后脚在副鳍上面的位置，重心稍微靠前，身体呈下蹲的状态。眼睛看向前手所指方向，后手张开保持平衡，如图 5-14 所示。

图 5-14　完成起乘动作

六、板上站姿

根据个人习惯，板上站姿可分为左脚在前或右脚在前，如图 5-15 所示。脚与肩同宽,脚板跨在脊骨中线,膝盖微曲呈弹簧状态,背部挺直,臀部前倾,前手弯曲,抬头看前进的方向。

图 5-15 板上站姿

七、下板

在靠近岸边时,判断水的深度适宜(在尾鳍刮到沙底前)后必须迅速下板。下板方式分为趴姿下板和站姿下板。

1. 趴姿下板

身体迅速蹲下,双手抓住板弦,双脚迅速入水触底,双脚落地后下板,如图 5-16 所示。

图 5-16 趴姿下板

2. 站姿下板

将重心移到后脚，使板减速，前脚入水触底，双脚落地，迅速抓住板，如图 5-17 所示。

图 5-17 站姿下板

八、落水

落水是冲浪中很常见的问题。冲浪过程中如果失去平衡，首先应尽量向后倒，双手抱头，身体蜷缩，远离板，如图 5-18 所示。落入水中后，身体呈“大”字展开。尽量避免在冲浪板前面落水。

图 5-18 落水

第四节 冲浪运动的安全事项

一、关于救生衣的穿着问题

冲浪运动中冲浪者在落入浪涌中时,需要通过潜入浪深处来躲避溃浪和冲浪板本身带来的伤害,因此,冲浪者在冲浪时往往只是戴脚绳而并没有穿着传统意义上的救生衣(如背心式、挂肩式)。但在冲比较大的浪或在不熟悉的水域冲浪时,应戴腰带式、手环式等不影响潜入水中的救生设备来增加安全系数。

二、关于冲浪场地的选择问题

综合分析场地,找到最佳位置,有条件的话找一个高地看看海滩全景,帮助避开离岸流、横流和目力所及的潜在危险。海滩全景如图5-19所示。

图5-19 海滩全景

(1)找一个对初学者来说很安全的位置,如缓浪、沙地、浅滩,既能练习技巧,危险性又很小。

(2)注意有没有暗流和鱼桩等物体。

(3)必须选择在自己能力范围内的浪况,结伴找一片和游泳者区分的区域。

(4)在海滩上设置和划定参照物,并在能观察到参照物的范围内活动。这点很重要。

第六章
帆船运动

第一节　帆船运动概述

一、简述

帆船运动是水上运动项目之一。帆船比赛是运动员驾驶帆船在规定的场地内比速度的一项运动。帆船运动中，运动员依靠自然风作用于船帆上，驾驶船只前进。它是一项集竞技、娱乐、观赏、探险于一体的体育运动项目，如图6-1所示。它具有较高的观赏性，备受人们喜爱。现代帆船运动已经成为世界沿海国家和地区最为普遍和喜闻乐见的体育活动之一，也是各国人民进行体育文化交流的重要项目。

经常从事帆船运动，能增强体质，锻炼意志，特别是在海浪、气象、水文条件的不断变化中，迎风斗浪，更能培养挑战自然、战胜自我的拼搏精神。

图6-1　帆船运动

二、帆船运动的起源和发展

1. 起源

帆船是人类挑战自然的一个见证，帆船的历史同人类文明史一样悠久。帆船运动起源于古荷兰。古荷兰的地势较低，开凿了很多运河，人们普遍使用小帆船运输或捕鱼。帆船作为一种比赛项目，最早记载于古罗马诗人维吉尔的作品中。到了13世纪，威尼斯开始定期举行帆船比赛，当时比赛船只没有统一的规格和级别。1900年，第二届现代奥运会上帆船开始被列为比赛项目。

帆船是居住在海河区域的古代人的水上交通运输工具。15世纪初期，中国明代的郑和率领庞大船队7次出海，到达亚洲和非洲30多个国家。

帆船运动的最早竞技记载是公元前70年，古罗马诗人维吉尔在叙事诗《伊尼特》中详细地描述了特洛伊到意大利的一次帆船竞赛活动，并描述了比赛结束后优胜者和参赛者的获奖情况。

现代帆船运动始于荷兰。1660年，荷兰的阿姆斯特丹市市长把一艘名为“玛丽”的帆船送给英国国王查理二世。1662年，查理二世举办了英国与荷兰之间的帆船比赛。1720年，爱尔兰成立皇家科克帆船俱乐部。1851年，英国举行环怀特岛国际帆船赛。1870年，美国和英国首次举行横渡大西洋的“美洲杯”帆船赛。

2. 发展

“美洲杯”帆船赛被美国人称霸一个多世纪，直到1995年新西兰才成为“美洲杯”第二个夺冠的国家。

现代竞技帆船在设计、制造工艺、原材料等方面有较大的差异，为使帆船竞赛公平合理，需要有统一的规定，因此，在19世纪初帆船级别协会成立并制定级别规则。1900年，在帆船被列入第二届现代奥运会的比赛项目之后，这项运动无论是从规模上还是从水平上都进入了一个快速发展的时期。特别是从20世纪中期开始，帆船运动在世界各发达国家得到了较快发展。

日本是亚洲开展现代帆船运动最早的国家。20世纪60年代，日本帆船运动协会制定出竞技帆船长期发展规划，并用了不到十年时间，使其男女470级达到了世界领先水平。

中国现代帆船运动是从1979年开始的，1980年以后，山东、上海、湖北、广东、江苏等省市相继组建起帆船运动队，进行系统的专业训练。中国帆船运动员从第九届亚运会和第二十三届奥运会开始参加部分级别的亚洲比赛和世界比赛。中国运动员曾在亚洲比赛中获得470级的冠军和欧洲级的冠军。

第二节 帆船运动的装备与种类

一、帆船的部件及名称

帆船的部件及名称如图 6-2 所示。

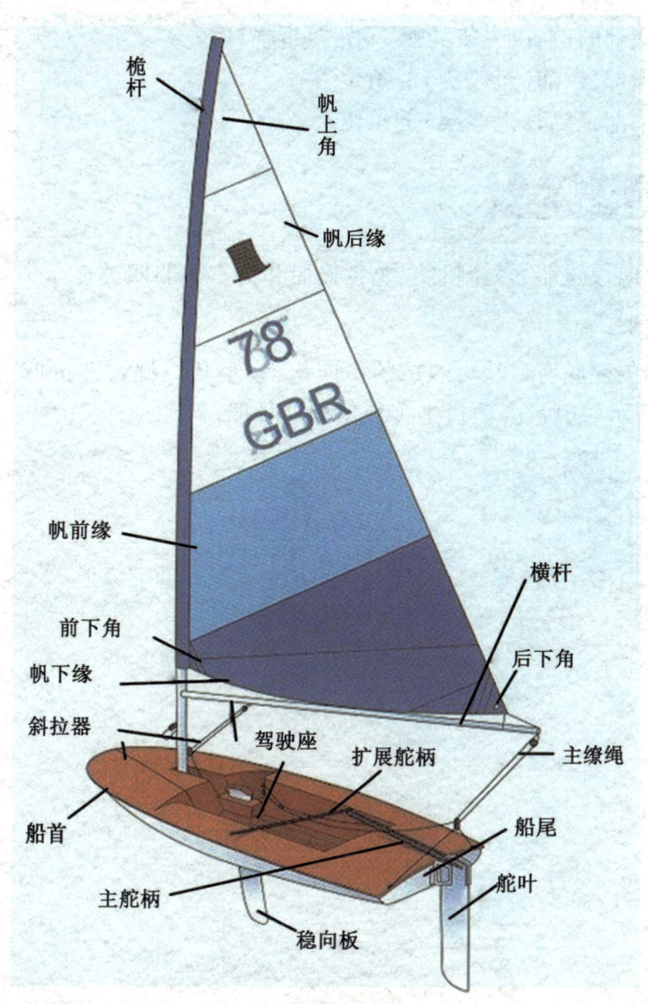

图 6-2 帆船的部件及名称

桅杆:竖立在船上的杆子,用以支撑帆及横杆。

船首:船头前部的位置。

横杆:连接在桅杆上的水平杆子,用以支撑主帆的底部。

斜拉器:连接桅杆和横杆的锁具。

驾驶座:舵手驾驶船的空间。

稳向板:连接在船底的鳍状物,可以提高船的稳定性。

主缭绳：控制主帆的升力，相当于油门。

扩展舵柄：连接在主舵柄上，可以 360°旋转。

主舵柄：连接在舵叶上，用以控制舵的角度。

舵叶：固定在船尾，是伸进水中的平板。

船尾：近船舵的位置。

帆上角：帆顶部的角位。

帆后缘：帆近船尾的一边。

帆前缘：帆前部，接近桅杆的部分。

帆下缘：帆底部的位置，主帆的帆下沿，接近横杆。

前下角：帆下部，靠前（近船头）的角位。

后下角：帆下部，靠后（近船尾）的角位。

二、帆船的种类

帆船分为稳向板帆船、多体帆船、龙骨帆船和仿古帆船四类。

1. 稳向板帆船

稳向板帆船的船底有一块可收放的稳向板，它小巧、灵活，造价低，便于操纵，易于普及，如图 6-3 所示。奥运会项目中多数使用这种船。

图 6-3 稳向板帆船

2. 多体帆船

多体帆船由 2~3 个船体组成，速度快，操作起来惊险刺激，多体帆船如图 6-4 所示。

图 6-4　多体帆船

3. 龙骨帆船

龙骨帆船的船底有一块固定的稳向板和压铅，用以稳定船体，减小船体横移。龙骨帆船如图 6-5 所示。它的排水量大，构造复杂，价格昂贵，可以多人操纵，适于长距离竞赛和远航探险。

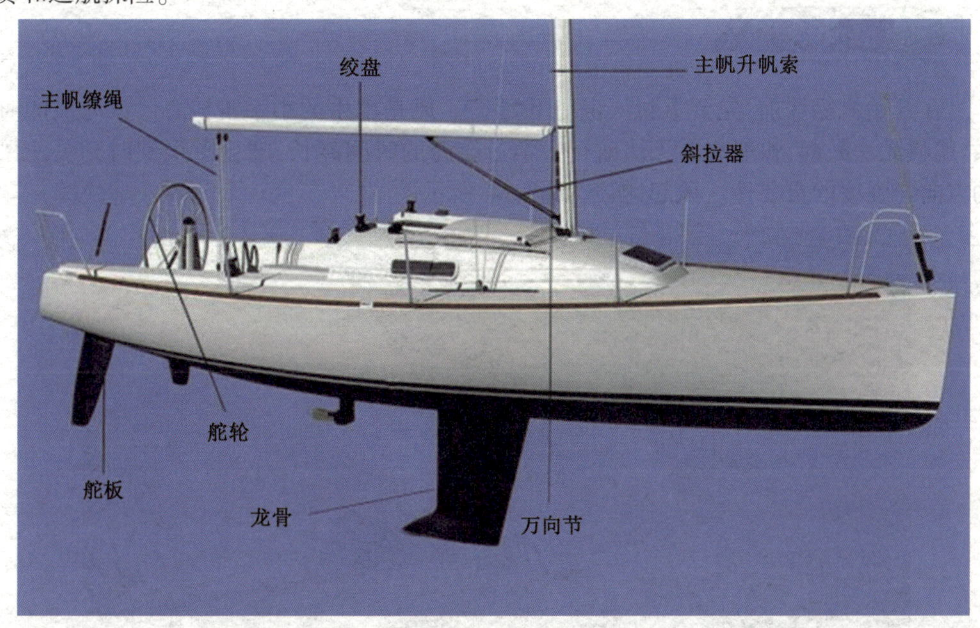

图 6-5　龙骨帆船

4. 仿古帆船

仿古帆船体型大，仿古设计，多桅布局，装饰华丽，适于外展活动、娱乐性比赛和水手的海上操作训练。仿古帆船如图 6-6 所示。

图 6-6 仿古帆船

第三节 帆船运动的技术动作与教学

一、感受风

在开始帆船课前，先要重新认识一下“风”。风是水手的小宇宙核心。没有风的时候，船帆无法鼓起，帆船也就无法航行。学习航海的时间越长，越会意识到时刻关注风的方向与强度的重要性。风起，帆起如图 6-7 所示。

图 6-7 风起，帆起

风向与风力决定了以下几个方面：

(1)可以朝哪些方向航行。

(2)如何调整船帆。

(3)应该坐在帆船的哪个位置。

那么如何判断风是从哪个方向来的呢？最好的方法就是仔细辨别皮肤的感觉。在帆船上航行时，随时体会吹在身上的微风是十分重要的。

还可以通过以下情况来判断风向：

(1)船上和岸上的旗帜；

(2)附近抛锚的船只朝向(除水流湍急外)；

(3)水上的帆船——它们的航向以及船帆；

(4)帆船上的风向标或气流线；

(5)帆悬吊时飘动的方向；

(6)水上的波纹与波浪。

二、航行方位图

图 6-8 是每一个船员都必须完全理解的风力驱动航行方位图。

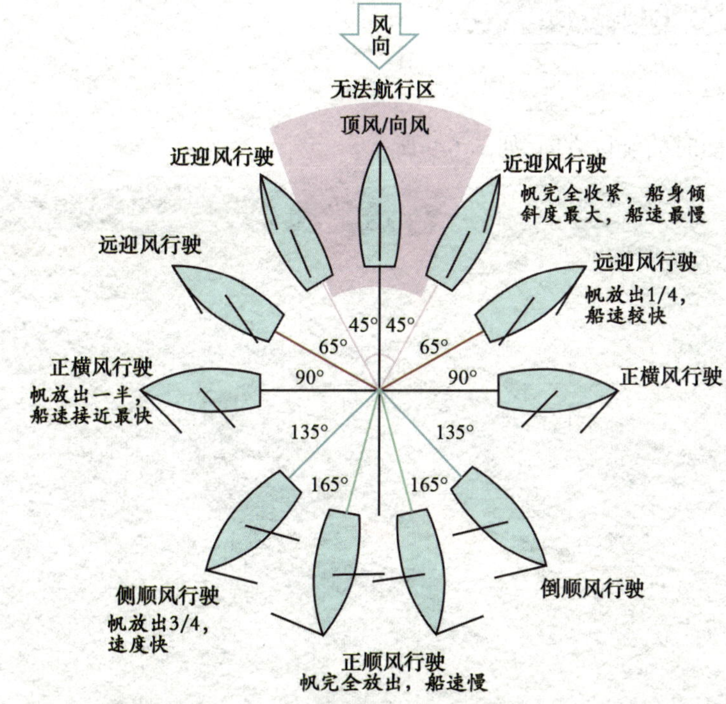

图 6-8 风力驱动航行方位图

1)必须知道风从哪里来，才能知道驾驶帆船到哪里去，除了风从船首方向吹来造成的无法航行区外(见图 6-8)，帆船可驶向其他任何方向。当帆船行驶到无法航行区时，船只将会慢慢减速。可以通过推舵或拉舵改变航向通过这个区域，但如果在无法航行区停留过久，船就会因失去动力而停滞。

2)时刻警惕在航行方位中所处的位置。随时提醒自己,风从哪个方向吹来,它跟要去的方向有什么对应关系。

3)帆把风的能量转化成前进的动力。风向改变时,需要对帆做出相应的调整,以便保持最有效的航行状态,将海面分成360°。

4)从帆船的航向与风的夹角来看,有以下几种基本航行方向:

(1)顶风:船头指向风来的地方,船停止航行,帆迎风飘扬。

(2)无法航行区:船头正顶风情况下的左右两侧各45°夹角内,无法获得行驶动力。

(3)近迎风:风从帆船的侧前方吹来,风向与帆船的航行方向大约成45°夹角,帆向内收紧。

(4)正横风:风从帆船的正侧面吹来,风向与帆船的航行方向成大约90°夹角,帆比远迎风航行稍打开。

(5)正顺风:风从船正尾吹来,风向与帆船的航行方向大约成180°夹角,帆放置与船身成90°夹角。

5)风总是在变化。尝试航行方位图中不同的航向,这将会带来更多的乐趣。风从来都不会是稳定的,并且每一个风向变化都会将航行方位旋转重置。驾船者必须时刻对帆船朝向进行相应的调整,使其保持住想要的航向。

三、相对风的航行术语

1. 右舷航行

风吹向右舷时的航行方向,如图6-9所示。

图6-9 右舷航行

2. 左舷航行

风吹向左舷时的航行方向,如图6-10所示。

图 6-10 左舷航行

四、装配帆船

预备出航之前，帆船的各个部件一定要正确安装，船帆必须要连接完好并且升起。这个过程叫作装配。根据不同的情况、不同的船型，装配的方法会不一样。有时需要将帆船挪到水边，有时则需要绑好后让它漂浮在码头。装配帆船如图 6-11 所示。基本的装配步骤如下：

图 6-11 装配帆船

(1)穿上救生衣。

(2)检查桅杆和船体，确保所有的部件都齐全。

(3)把船舵安装在船尾。

(4)确保稳向板/冲插板已正确安装(部分船型适用)。

(5)检查船帆上的帆骨(用以维持船帆形状的轻质长条,部分船帆配备)是否都已插入船帆上的帆骨袋。

(6)调整帆船位置,使船头对准风吹来的方向。

(7)连接船帆的三个角——船帆顶部与升帆绳用绳扣固定或者直接打个结。在完全准备好要出航前不要将船帆升起或展开。部分帆船上,升帆绳固定在顶横杆上;另一些帆船上,船帆则像一只长长的袜子一样包裹住桅杆,然后将整个桅杆抬起来,装进船体上的一个专用的桅杆底座。

(8)安装主帆缭绳,需要依次穿过滑轮组,绳头为水手结,绳尾为"8"字结。

(9)斜拉器挂扣扣上后收紧斜拉器绳,以保证横杆与桅杆的稳定。

(10)询问教练或指导员是否一切看起来准备好了(必要时重复进行检查)。

五、陆地模拟实操

新手在真正到水面上进行帆船驾驶之前,有必要先在陆地上掌握好帆船驾驶的基本动作。陆地模拟实操如图 6-12 所示。熟练地掌握驾驶技巧会保证在水上实操时更加从容。

图 6-12 陆地模拟实操

1. 航向操控

帆船的航向操控是通过一片安装在船尾并悬在水中的鳍状物"舵"来实现的。舵是由与其连接的舵柄或帆船的舵轮来操控的,如图 6-13 所示。驾船者应尽量靠近舵柄旁坐着,并实时调整其位置来保持船身平衡。帆船驾驶的基本动作只有两个,分别为推舵及拉舵。推舵或拉舵的过程中可使船的航行方向发生偏移,以达到改变航向的目的。

与开车和骑自行车不一样的地方是,船舵向左移动时可使帆船右转,船舵向右移动时可使帆船左转,而帆船的转向调头动作就是推舵或拉舵动作的延伸。当需要调头时,仅需要将舵柄或推或拉并保持住,直至船帆因航向改变而切换至另外一侧,这时转向动作就完成了。多加练习即可找到操控一艘帆船的感觉。

图 6-13　航向操控

就像其他交通工具一样，当帆船静止的时候再怎么转动舵柄，帆船也是不会转的，只有在移动的时候才可以转向——船速越快，转向控制也就越灵敏。

2. 调帆的基础知识

帆是帆船的发动机，它的工作原理就像飞鸟的翅膀一样，利用风力使船移动。而操控动力的工具是一根叫作“主帆缭绳”的绳索，或者直接叫作“缭绳”。放松缭绳时，船帆便会像旗帜一样随风飘动，并指向风吹来的方向；收紧缭绳时，帆会逐渐停止飘动（风会从帆面后部往前面逐渐充盈整面帆）直到鼓成一个翅膀的形状。缭绳就像是控制帆船“发动机”的油门，可以通过对它的收紧和放松来操控帆船的加速和减速。

陆地模拟实操很简单，初学者可以在陆地且船只稳定的情况下多尝试推舵、拉舵、收紧缭绳、放松缭绳的动作。调帆如图 6-14 所示。

图 6-14　调帆

六、水上实操

（一）扬帆出航

当教练或指导员说一切已经就绪的时候，就可以准备出航了。这时，应该再次确认风向。想象一下自己在航行方位图上的位置和将要开始航行的方向——以横风角度出航（横风为基础课入门），如图 6-15 所示。起航的过程并非每次都完全一样，取决于帆船类型、风向、水流、海浪以及出发的位置等。

图 6-15 扬帆出航

从码头出发时，帆船是由一根船首缆绑在码头上的。将船首缆解开并交给一位协助的人员抓住，再将船首调整到正对风向的位置。船员下船坐至上风处（与帆相反的方向）。坐好后，前手抓缭绳，后手握副舵柄。就位后将帆船用力向前推一把（记住船舵在静止时是没有功效的）。拉舵，收紧缭绳，使帆船离开码头，拉舵将船头调整至与风向成 90°夹角的横风航向并调好帆（在出发前根据当天风向情况提前找到与风向成 90°夹角的航行方向左右两侧参照物，这样会使入门驾驶更简单）。

（二）横风行驶

出航先从横向穿过风开始，正横风航向在无法航行区和速度较慢以及难度更大的顺风方向之间。除非风力非常小，船员应始终坐在与帆相反的一侧（以保持船身平衡），舵柄和主帆缭绳都要随时控制住（如果船型不大，一人也可以同时操作）。比如你正在右舷受风横风行驶，风吹向船的正右侧，那么你也应该坐在船的右侧。

（三）直线行驶

眼睛看准海平线或者正前方的陆地来帮助保持稳定的正横风航向。注意每次帆船撞击水浪或一阵强风袭来时，舵柄上的拉力增大会使帆船发生转向。因此需要时刻微调舵柄来保持帆船直线行驶。

小技巧：记住，往左边推舵柄是让帆船向右转，反之亦然。

（四）练习转向

先尝试多大幅度的推拉舵会使船发生转向的偏转，再试着拐几个小“S”弯，即在保持正横风航向的基础上，朝左、右航向的偏转角度控制在10°以内。不要转向太大，以免进入无法航行区或者偏置顺风航向。

（五）迎风换舷和顺风换舷

到目前为止，我们一直关注怎样在航行方位图的半圈航行，但要转向去另外一个方向则意味着从左舷受风航线换到右舷受风航线的大变化。若想改变受风位置，有两个选择：转向迎风方向并穿越无法航行区（“迎风换舷”）；转向顺风方向并穿越顺风区（“顺风换舷”）。任何一种转向都需要一些船上的操控和动作。船员需要转舵，移动到船的另一侧，在新的航线上重新调帆。

该迎风换舷还是顺风换舷？它们都没有错，通常航向到迎风位时应该选择迎风换舷，航向到顺风位时应该选择顺风换舷。这两种操控都要好好练习。迎风换舷的时候，需要在船速减慢前尽快转向并穿越无法航行区，不然就会陷入顶风区。重要的是要保持航速。当风小的时候，因为双体船较容易在转向过程中陷入顶风区，所以提议选择顺风换舷；当风大的时候，迎风换舷更好、更安全，因为顺风换舷有可能导致翻船。

当你移动到船的另一侧时，不要忘记低头、弯腰，从帆杆下穿过，特别是顺风换舷的时候。

1. 迎风转向

迎风转向时船头通过正顶风，从一侧转向另外一侧。这时需要保持航速，以确保在转向过程中不被困在无法航行区。迎风转向示意图如图6-16所示。

图6-16 迎风转向示意图

2. 顺风转向

顺风转向时船尾通过正顶风,从一侧转向另外一侧,由于顺风转向速度较快,在转向过程中要注意低头,因为横杆会扫过船舷。顺风转向示意图如图 6-17 所示。

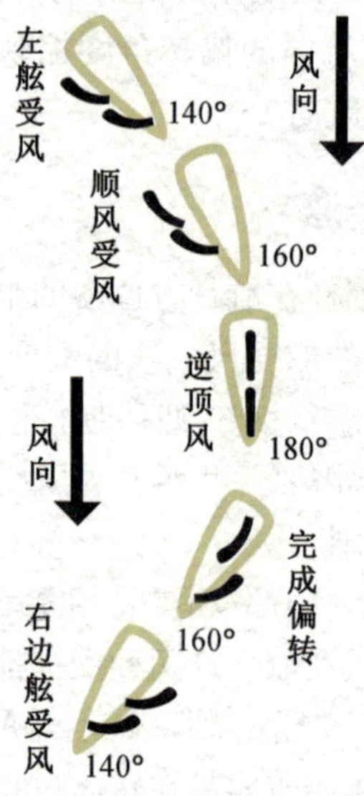

图 6-17 顺风转向示意图

3. 迎风行驶

迎风行驶是一个非常有趣的驭风航向,因为船帆会被拉紧,驾船者保持帆船在无法航行区到可航行区的边缘游走前行。在此驭风航向上,如果风力充足,那么帆船会有倾斜的趋势,需要确保船员坐在翘起的一侧。迎风行驶如图 6-18 所示。如果是左舷(右舷)受风行驶,则应坐在帆船左侧(右侧)。这么做的目的是保持船体左右平衡。

图 6-18 迎风行驶

虽然无法航行区阻止了直接顶风行驶，但是可以通过一半时间左舷受风行驶、一半时间右舷受风行驶的方式驶向迎风方向。而这时迎风转向动作就将用于在两种受风状态中切换行驶。

1）迎风行驶的关键

（1）关注风向。记住风向从来都不是固定的；收紧主帆缭绳，并且抓紧。拉力太大的时候，用夹绳器夹住，用手握住缭绳。注意帆上风向线的飘起状态，它将是帆船迎风行驶航向的唯一参照。

操舵使帆处于将要飘动的临界状态。迎着风慢慢转舵，直到看到帆开始鼓包飘扬，然后穿过并远离风的方向，直到鼓包消失。这个时候，转舵应该是很轻微的。看着前方水平线方向，找一个参照物保持航向的稳定。感受风吹在脸上的感觉。

（2）保持船的速度。在无法航行区的边缘减速会有陷入顶风区的风险。如果感觉到掉速，则通过拉舵并偏离风向几度来进行提速。

2）迎风行驶的原理

帆船迎风行驶时采用的是机翼上升学原理，空气遇上机翼时被迫阻隔，分开两面通过，如图 6-19 所示。通过机翼上方弧线的气流速度必须比通过机翼下方弧线的气流速度快，两者才能及时在机翼尾端汇合，但机翼上方的气流速度明显较慢，因而机翼上方产生低压，这使得飞机向上飞。

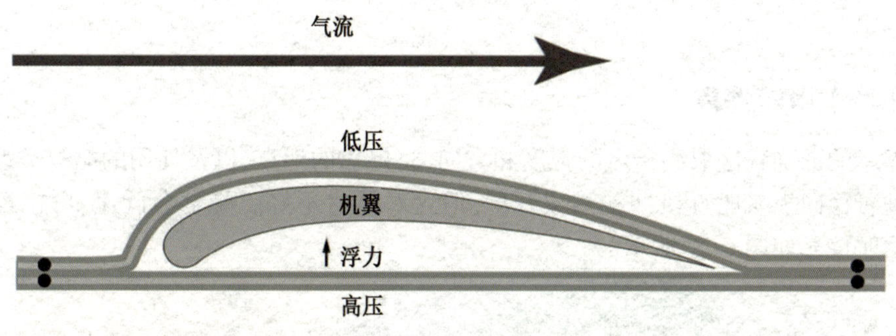

图 6-19　迎风行驶的原理

而帆就像一面竖立的机翼。因为帆不是一个硬绷的平面，在受风时，它呈三度空间形状，这种弧度使得通过帆下风面的气流与通过帆上风面的气流产生了压强差，从而产生了推力。

4. 顺风行驶

相比较迎风行驶的复杂，顺风行驶显得简单了许多。众所周知，两点之间直线最短，顺风行驶时只需将船首对准目的地，将帆与船身成 90°夹角，使帆最大面积受风即可。顺风行驶如图 6-20 所示。

图 6-20　顺风行驶

顺风行驶的关键：

（1）关注风向，记住风向从来都不是固定的。

（2）放松缭绳直至与船身成 90°夹角。

（3）注意缭绳不可收太紧，太紧会导致船帆受力减小，船速降低。

（4）缭绳亦不可释放太多，超过与船身成 90°夹角的缭绳，会导致船身不平稳，易翻覆。

（六）返航停靠

靠岸的准确程序取决于风的强度和方向、将停靠的地点，以及使用的船只类型。尽管驾驶着稳向板帆船直接冲沙滩很好玩，但这对器材不好。要学会低速、可把控地靠岸。返航停靠如图 6-21 所示。

图 6-21　返航停靠

1. 如何缓慢靠岸

缓慢地接近停靠点，意味着要运用所学到的所有驾驶技巧。和离港时一样，先要将船保持在横风行驶的航向，并慢慢放松主帆直至飘帆，最理想的情况是在最后一段航行距离（三四倍的船身长度）中将航向由横风切换至迎风，这样有充足的时间在到达码头停靠点前减速缓慢停靠。

2. 停靠的基本规则

（1）如果停靠码头，则选择一个可以船头朝向风的位置进行停靠。

（2）在帆没有完全飘起或降下，船只没有完全停稳并且有人协助抓住船前的情况下，不要下船。

（3）记住在沙滩停靠时，一定不要站在船与沙滩之间。

（4）靠岸后尽快降帆，这样风才不会造成麻烦。

（5）当需要停靠沙滩上岸时，快接近沙滩时需要提前将稳向板和舵叶抬起来，否则会搁浅触底。

第四节　帆船运动的安全事项

一、帆船的翻覆扶正

大风天是令人兴奋的，但即便是最好的帆船手也有可能翻船。所以必须学会如何在翻船以后把船扶正。在风平浪静的环境中练习，就可以做好准备。不同船型的扶正方法略有不同，相同的是必须找到一个位置，利用杠杆原理把船扶正。帆船的翻覆扶正如图 6-22 所示。

图 6-22　帆船的翻覆扶正

二、避免翻船的注意事项

(1)不会扶正船之前,避免大风天去航行。

(2)风大的时候,避免顺风换舷和正顺风行驶。

(3)不要夹住主帆缭绳,一旦船开始向侧边倾斜,马上放松主帆缭绳,卸掉帆上的受力。

(4)不要坐在船的下风侧,左舷行驶中,坐在船的左边。

(5)如果感觉到船开始向一侧倾斜,松开主帆缘绳并推舵,转向无法航行区。

(6)避开风的遮蔽区和风摆区(建筑物和大船的附近)。

(7)注意观察就能看到大风团的接近。

三、翻船后采取的措施

(1)当帆船翻覆时,应保持镇定,并应抓着船身。因为船身在水中的目标要比人的大,更容易被发现。

(2)翻船时,手拿主缭绳当救生绳并游往船尾,检查舵是否仍在。

(3)绕过船尾游往船底稳向板处。

(4)假如稳向板缩至舱内,则需将它完全拉出来。

(5)以双手环抱的姿势抱紧稳向板,面向船底,双脚支撑至水平之上。

(6)双手用力将稳向板向下压,同时双脚配合用力向船底支撑,待稳向板开始倾斜时将身体重量安放于稳向板之上。

(7)直至手能抓到船舷边,船便能轻易扶正。

(8)船扶正后,应从船的上风位上船(与帆相反的方向),以免上船时重量不平均而导致再次翻覆。

(9)双手紧握船舱内的脚勾带,双脚用力踢水,上身支撑发力,使身体滚入船舱。

(10)当船开始出水时会转向无法航行区,需要船头对准近横风航向,扶正后船帆就会飘动。船扶正时尽量找一个可以很容易爬上船的位置,并尽快把稳舵柄和主缭绳让主帆飘动,使船头转向近横风航向,直到所有人都上船,准备好重新出发。

四、安全注意事项

在水边或者水上活动的时候,需要随时注意自己和周围其他人的安全。虽然很可能是在风热水暖的舒适环境中学习驾驶帆船,但事实上还有很多其他非热带区域同样适合帆船航行。出航前记得检查水温,确保即便在装备湿透的情况下也可以保持体温。

1. 最关键的两条安全守则

(1)绝不脱下救生衣。

(2)绝不违背帆船航行安全提示规则。

2. 航行安全提示

(1)永远不要独自航行至无人监控的水域。

(2)风速和海浪情况超出应付能力的时候,不要出航。虽然大风天的确存在很多乐趣,但是天气状况不好时更考验经验与技巧,而这些都需要长时间的累积。请尊重教练对安全情况的判断。

(3)关注天气预报,并学会观察云的状况。即便是在最风和日丽的天气,也可能会有雷暴在乘人不备之时突然袭来。

(4)确保有防晒措施和携带足够的衣物。如果体感开始转凉,那么尽快返航取暖或者添加衣物。

(5)确保知道翻船后如何扶正。

第七章

帆板运动

第一节　帆板运动概述

帆板是一项结合冲浪和帆船,借助风帆力量,驾驭无舵、无座的浪板滑行前进的一项水上运动。现代帆板运动起源于20世纪60年代,是由美国的一位冲浪爱好者设计的,这位冲浪爱好者设计了第一条带有万向节的帆板。万向节的使用让帆组可自由地以任意角度转动,使冲浪板加注了风的动力,提供了更多的能量支持。玩家利用吹到帆上的自然风力,站到板上,通过帆杆操纵帆,使帆板产生速度后在水面上行驶,靠改变帆的受风中心和板体的重心位置在水上转向,在海上或江湖中航行。首届世界帆板锦标赛于1974年举行。现在国际性的帆板赛在世界各地区都在开展,1981年帆板作为帆船的一个级别被纳入奥运会项目,1984年正式成为奥运会项目。

第二节　帆板运动的装备与器材

从配件上看,帆板是由一个板组和一套帆组构成的,如图7-1所示。

图7-1　帆板

一、板组

板组包括板头、板尾、防滑面、中央板、桅杆基座、脚套和尾鳍。板组的结构如图 7-2 所示。

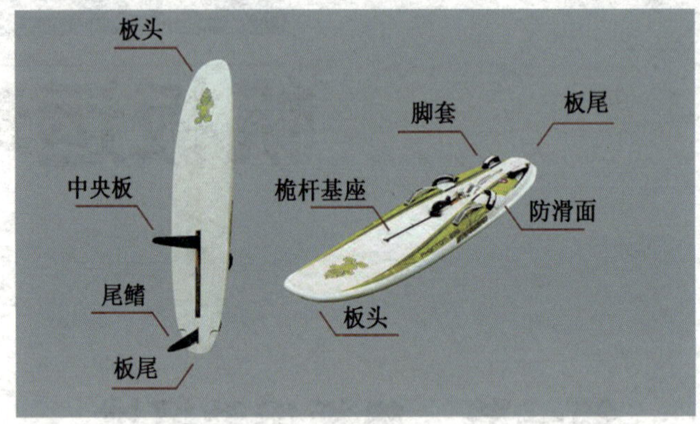

图 7-2　板组的结构

二、帆组

帆组包括帆首、帆骨、帆骨调节器、帆首袋、帆尾、帆杆装置孔、帆杆、起帆绳、万向节接头、加长杆和桅杆。帆组的结构及帆杆、起帆绳、加长杆实物图如图 7-3 所示。

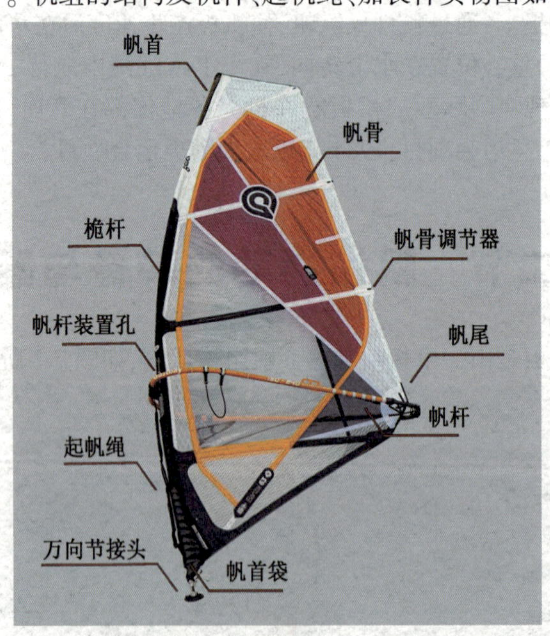

(a)帆组的结构

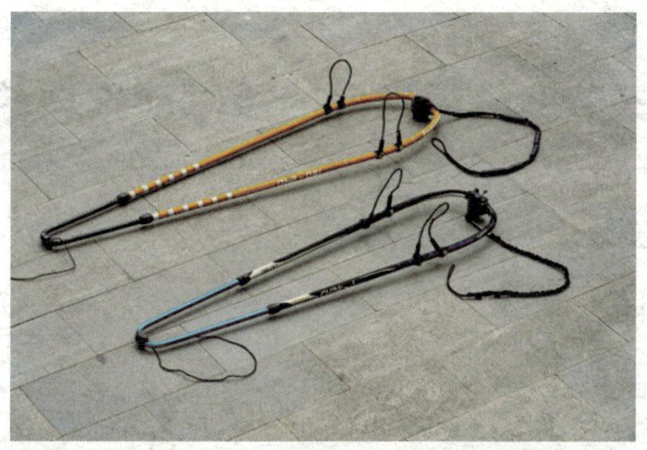

(b)帆杆

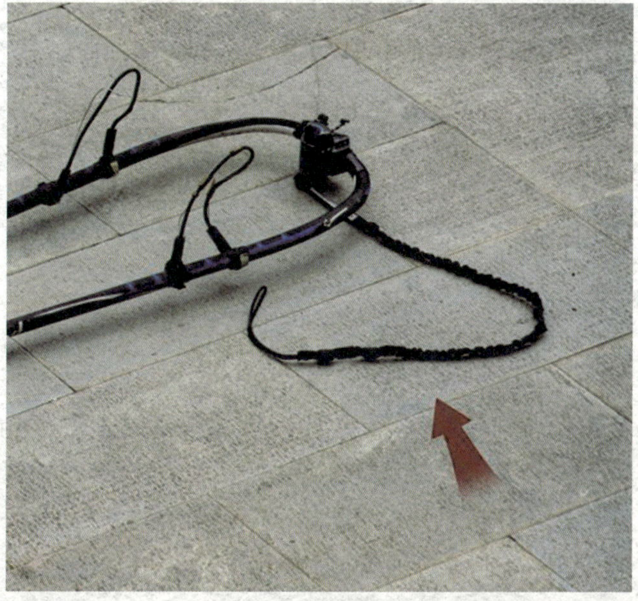

(c)起帆绳

(d)加长杆

图 7-3　帆组的结构及部分细节实物图

第三节　帆板运动的技术动作与教学

一、选择适合的下水点

入门练习帆板运动时选择小风、侧向风的下水点最为合适。入门练习如图 7-4 所示。

图 7-4　入门练习

离岸风或向岸风都会让初学者有不好的体验。离岸风和向岸风如图 7-5 所示。

图 7-5　离岸风或向岸风

水域的流速、风力、礁石等条件必须严格排查，确认安全，制定产生危险时的第二套上岸方案后，再进行下一个环节。礁石区如图 7-6 所示。

图 7-6 礁石

二、帆组的组装步骤

(1)桅杆插入帆首袋,确保桅杆和加长杆与帆的规格长度一致,如图 7-7 所示。

图 7-7 插入桅杆

(2)将调节器与加长杆的绳子连接后再与帆底的连接绳拉紧,组合在一起,如图 7-8 所示。

图 7-8 连接并拉紧

(3)将帆杆插入桅杆套中,安装后帆杆高度应位于玩家的肩膀与下颚之间,如图 7-9 所示。

图 7-9　安装帆杆

(4)将帆杆尾部的绳子穿过帆尾的帆绳圈,拉紧,如图 7-10 所示。

图 7-10　穿过帆绳圈并拉紧

(5)调整帆骨。

(6)将中央板插入帆板凹槽,下水前不要将中央板放下来。

(7)安装万向节,调整万向节的位置,如图 7-11 所示。

图 7-11　安装方向节

(8)安装尾鳍,并检查所有安装的步骤是否合格,如图 7-12 所示。

图 7-12 安装尾鳍

(9)调整帆组,使帆组达到最佳要求,如图 7-13 所示。

图 7-13 调整帆组

三、搬运器材

搬运器材看似简单,但如不按照要求操作,会产生很多问题和风险。

1. 运板

把中央板拉下,一只手抓住中央板,另一只手抓住板的万向节或脚套,让板头和板尾迎风或逆风,如图 7-14 所示。如果板的侧面迎风或逆风会很吃力,风大则容易产生不确定的危险。

图 7-14 运板

2. **搬运帆**

搬运帆时的操作因小风和强风而有区别。

小风：头顶帆组搬运，让桅杆和帆杆底部迎风，如图 7-15 所示。

图 7-15 在小风中搬运帆

强风：将帆组靠近身体一侧，帆组和臀部高度一致。桅杆的底部迎风，前手抓住帆杆，后手抓住桅杆，用后退姿势搬运，如图 7-16 所示。

图 7-16 在强风中搬运帆

四、水上起帆和航行

1. 水上操作和起帆

（1）板体安装好万向节，将板体与帆组连接，如图 7-17 所示。

图 7-17 板体与帆组连接

将板的位置调整为与风向垂直，把帆置于板的下风处，在板的中间上板，让身体的重心保持在板的中间。压低身体重心，面对帆，用靠近板头的那只手抓住起帆绳，如图 7-18 所示。

图 7-18 水中起帆动作分解（一）

（2）用双手拉起帆绳，双脚与肩同宽，以万向节为中心，双脚在两侧。然后试着将帆拉离水面。利用臀部、腰部和腿部的力量，尽量让身体向后倾，用体重将帆拉离水面，如图 7-19 所示。

图 7-19 水中起帆动作分解(二)

(3)当帆离开水面后慢慢站直,直腰、抬头,大腿发力支撑起身体,身体微微后倾,与帆保持动态平衡。不可用力过度,慢慢地把帆的前端拉起。这样能排干帆面上的水,让帆转到受风的角度,如图 7-20 所示。

图 7-20 水中起帆动作分解(三)

(4)当帆面完全离开水面时,帆的重量会变轻。应马上停止后倾的姿势,利用帆的重量和身体找到一个平衡点。双脚在板的中心点两侧,背对着迎风处。身体和帆保持一定的距离,板和风向成垂直角度。

2. **起航**

(1)稳定身体重心,比将帆拉起受风还重要。要让身体的位置和帆是相对应的,双脚在万向节的两侧,如图 7-21 所示。

图 7-21 起航动作分解(一)

(2)前手握在帆杆上靠近桅杆的位置。前脚的位置在万向节接头的正前方,板的方向和风向成 90°,帆的角度在下风处。

(3)前手将帆组往板头的方向拉,越过身体。帆在身体的正前方,并保持一定的距离。让桅杆正对着板头。后手握住操纵杆。将帆往前推,利用前手的推力让帆保持在固定的角度。

(4)让帆面受风,后手朝内拉帆,前肩膀微微地将帆往板头的方向推。让帆面开始受风,帆板开始滑行。放松身体并稍微后倾,使身体的重量和帆的拉力达到一个平衡点。注意头部和帆组保持一定的距离,如图 7-22 所示。

图 7-22 起航动作分解(二)

抬头目视前方,帆组保持直立垂直,身体和桅杆呈"V"字形,如果身体和帆组的位置正确,就可以稳定、精确地操控,如图 7-23 所示。

图 7-23　起航动作分解(三)

3. 调整航向

(1)朝下风处调整航向

把帆往板头的方向倾斜会使帆板往下风处滑行,且会由顶风的角度转向下风方向,如图 7-24 所示。保持一个稳定的姿势航行,利用前手手臂将帆往板头的方向推,后手将帆往身体的方向拉,让帆面受风。操控帆杆的动作就类似骑车时的操控转向。双脚重心站在帆板中心线靠上风的位置,后脚微曲,身体重心向下,避免被帆面瞬间往前甩出。将板头调整到想去的方向时,把帆拉回垂直范围,并恢复正常的航行姿势。

图 7-24　朝下风处调整航向

(2)朝上风处调整航向

将帆顺着板的中心线往板尾的方向拉,后脚用力往外推。一般来说,帆板顶风的行进角度无法超过 45°,所以顶风是暂时用来调整方向的技巧,如图 7-25 所示。如果一直保持这个姿势,则会因过度顶风而减速或完全停止滑行。所以,当帆板的行进方向已改变时，立即把帆调整回正常的航行位置。

图 7-25 朝上风处调整航向

4. **转向**

转向练习有两种方式：逆风转和顺风转。转向的目的是让帆板朝着想去的方向，最后回到出发点。

（1）逆风转，帆尾会经过板尾，如图 7-26 所示。

图 7-26 逆风转

（2）顺风转，帆尾则会经过板头，如图 7-27 所示。

图 7-27 顺风转

转向技术动作具体如下：

前手控制住帆杆，后手卸力，控制帆组不再受风，身体重心必须随着帆的摆动而跟着移动，让板头转向。在练习中，双脚以桅杆为中心点移动。背部对着风，面对着桅杆，缓步跟着板一起转动。步骤1：行进速度降低时，双手移到桅杆或起帆绳上，同时将帆组转向板头。步骤2：将帆组往板头或板尾的方向落下，膝盖微曲并保持稳定，注意身体与帆组呈"V"字姿势，使身体的重量和帆组保持平衡。步骤3：当板转向时，身体时刻面对着桅杆，并随着帆组移动。步骤4：持续摆动帆组，双脚用力，促使板移动，使板转到新的航向，并成功改变航行方向。

转向技术动作需注意的要点如下：

帆组：越朝顺风方向航行，帆面会越往内拉，表示帆组接近板尾；越朝逆风方向航行，帆面会越往外开，而且正对面前。

身体与脚掌：朝顺风方向航行，身体和脚掌会面对板的中线；朝逆风方向航行，身体与脚掌会面对板的前方。

第四节　帆板运动的个人穿戴与安全自救

一、个人穿戴

1. 助浮衣

作用：增加身体浮力，减少落水后的体能消耗。助浮衣如图7-28所示。

图7-28　助浮衣

2. 腰钩

作用：分摊手部承受的力量，帮助在强大的拉力下控制帆的同时增加速度。腰钩如图7-29所示。

图 7-29 腰钩

3. 防寒服

作用:低水温时防止失温对人体造成不利的影响。

4. 防滑鞋

作用:防割、防滑、防寒。

二、安全自救

1. 求救手势

国际通用的求救手势是举起双臂在头上方来回挥动。此动作是要引起注意并让其他人知道你在水里发生了危险,需要救援或协助。

2. 拆帆

如果不能航行回岸边,就拆解帆组并趴在板子上划回岸边,或等待救援的船艇拖回岸边,如图 7-30、图 7-31 所示。

图 7-30 拆帆(一)

图 7-31　拆帆(二)

3. 无风状态

当风力减弱或处于无风状态时,可以将帆组固定在板的上面,并趴在板上利用双手划水回到岸边,如图 7-32 所示。

图 7-32　无风状态

训练水域的安全评估很重要。要注意水的深度、礁石的分布,潮汐、水流和海浪的预报,实时观察天气和风力风向预报,在自己能力范围内展开训练。

第八章

风筝冲浪运动

第一节　风筝冲浪运动概述

风筝冲浪是一项借助充气风筝，脚踩双向板（冲浪板）的极具刺激、惊险的极限水上运动，如图 8-1 所示。

图 8-1　风筝冲浪

1998 年起，美国夏威夷海滩偶尔会有人将充气风筝与冲浪板结合在一起玩，自此，很快这项新的运动便在全世界风行起来。进入中国，这项新的极限运动被称为风筝冲浪。

风筝冲浪的原理非常简单，就是将充气风筝用两条或四条强韧的绳子连接到手持横杆上，借着操作横杆来控制风筝上升、下降及转向，并结合脚下踩着的各式滑板，就可在海面、湖面、雪地上滑行甚至可将人带离水面并做出各种花式动作。

第二节　风筝冲浪运动的装备与器材

风筝冲浪运动的主要装备有风筝、控制把、腰钩或坐钩、板和其他辅助设备等。

一、风筝

风筝是由专用高强度防水纺织材料、线组等制成的，根据风力情况和玩法的不同可分为充气风筝、软体风筝和风翼等。

（一）充气风筝

充气风筝主要由主气囊、支气囊和主气囊线组等组成，通过充气后产生伞形，如图 8-2 所示。

图 8-2　充气风筝

1. 主气囊

它是整个风筝的核心，贯穿整个风筝，如图 8-3 所示。

图 8-3 主气囊

2. **支气囊**

它是根据不同风筝的功能设计的。现在有 3、4、5 等不同数量的支气囊。风筝假如没有气囊,只是一块布,就没有一个形状来兜起风的力量。支气囊如图 8-4 所示。

图 8-4 支气囊

3. **主气囊线组**

它系于主气囊上,其中位于中部的称为前线或中线,位于两侧的称为边线。风筝前线、边线和控制把相连接,一般也采用 4 线或 5 线的方式。主气囊线组如图 8-5 所示。

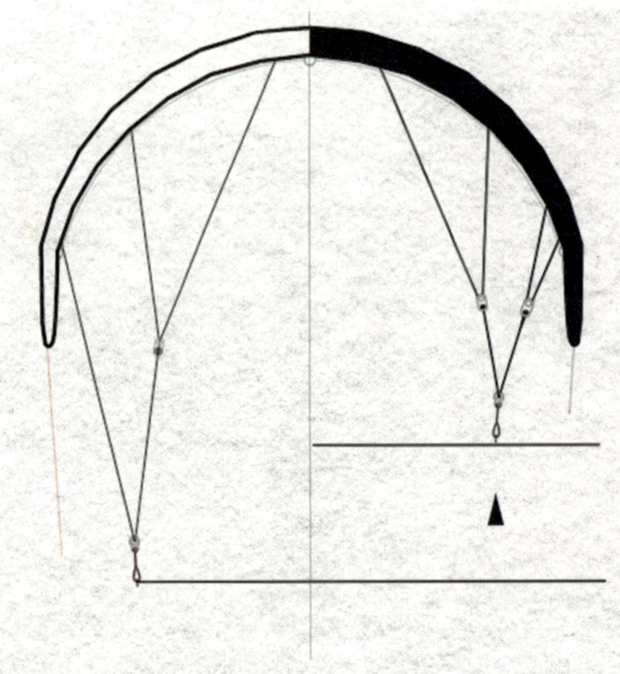

图 8-5 主气囊线组

充气风筝的优点:具有结构简单,使用方便,落水后水起容易等特点,且风筝的支撑点多,在受力情况下不容易变形,形体稳定。此外,充气风筝适合初学者在前期使用练习,安全性较高。

充气风筝的缺点:重量大,速度响应慢,不易做风筝“旋转”(loop)动作,不适合在微风情况下使用。大风天气下,通常使用稳定性相对好的充气风筝。

(二)软体风筝

软体风筝类似滑翔伞,优点是轻薄,在微风的情况下可以飞起来,风筝面积较大。软体风筝如图 8-6 所示。软体风筝的缺点是没有浮力,一旦落到水里就无法重新水起,这就意味着如果在海里突然遭遇无风的情况,就需要依靠船舶去救援或自己将风筝打包并游回岸边,较为危险。

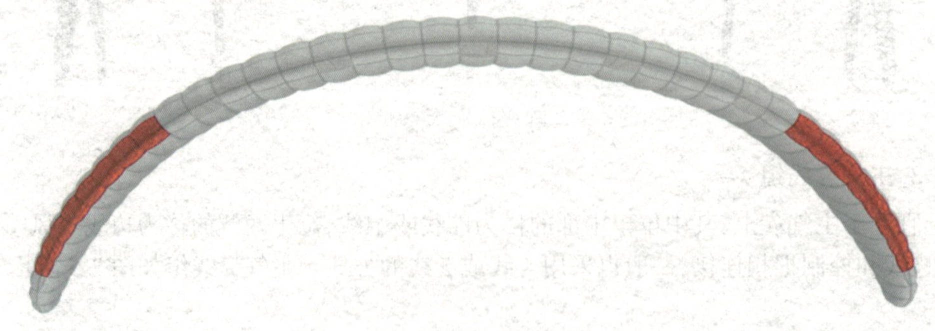

图 8-6 软体风筝

（三）风翼

风翼是一种使用风翼及水翼冲浪板来冲浪的水上运动。风翼和冲浪板不相连，冲浪者需要把双脚固定站立在冲浪板上，并用双手控制充气式的风翼，借助风力在水面上滑行。充气风翼如图 8-7 所示。

图 8-7　充气风翼

小结：风筝有各种尺寸，一般尺寸从 3.5 平方米到 24 平方米不等。根据风力大小、个人体重和想要完成的动作，或者说想要达到的目的来选择风筝。风筝的尺寸和风力大小成反比，即风力越大，选择的风筝尺寸越小；风力越小，选择的风筝尺寸越大。此外，在同等风力条件下，使用者的体重和风筝大小成正比，即体重越大，选择的风筝尺寸越大；体重越小，选择的风筝尺寸越小。

二、控制把

控制把的作用是控制风筝运行姿态及方向，类似自行车的方向把。控制把如图 8-8 所示。控制把由握把、线组、卸力系统、安全释放系统和挂环等组成。

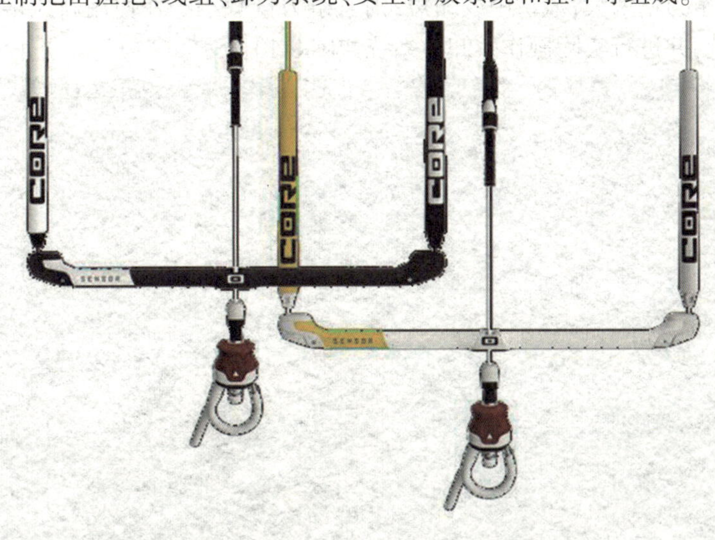

图 8-8　控制把

1. 握把

握把是金属(或碳纤)内芯的横杆,握把两端有牛角结构,以便于缠绕线组。握把的长度基本在 40~60 厘米。风筝尺寸越大,握把长度越长;风筝尺寸越小,握把长度越短。

2. 线组

线组由高强度纤维制成,每根线的承受拉力可达 200~500 千克。风筝线组如图 8-9 所示。风筝线越长,承受的力量越大,但操作反应越慢;风筝线越短,承受的力量越小,但操作反应越快。目前使用的风筝线大多为 18~27 米。

图 8-9 风筝线组

3. 卸力系统

卸力系统的基本工作原理是通过调节风筝中线的长度来改变风筝力量,即风筝中线加长,则风筝力量增大;风筝中线缩短,则风筝力量减小。在使用新风筝前必须了解它的卸力系统,并进行实际操作。卸力系统如图 8-10 所示。

图 8-10 卸力系统

4. 安全释放系统

安全释放系统是确保风筝冲浪运动安全的最重要设计，其主要原理是：当风力突然发生变化或风筝无法控制时，为确保使用者的安全，通过安全释放系统，使风筝快速丧失力量，并瞬间与使用者分离。安全释放系统如图 8-11 所示。

图 8-11　安全释放系统

不同的风筝品牌有不同的安全释放设计。在使用一个新风筝前，必须先了解该风筝安全释放系统的使用方法，并测试安全释放系统的可靠性。在释放安全释放系统后，风筝对身体继续产生无法控制的拉力，此时安全绳是安全释放系统中最后一道保险。风筝被吹向岩石或树木从而失去控制时，应拉开安全绳，风筝即刻与身体完全脱离，以确保人身安全，但结果是有可能失去风筝。

5. 挂环

风筝主气囊上的边线连接在控制把的两端，而中线穿过控制把上的圆孔，与挂环相连。风作用于风筝产生的拉力通过中线连接到挂环，再连接到风筝操作者的腰钩，即刻将力量传递到身体。挂环如图 8-12 所示。

图 8-12　挂环

三、腰钩或坐钩

腰钩或坐钩一般由纺织物、碳纤维材质等制成，上面安装金属挂钩，以连接控制把的挂环。腰钩如图 8-13 所示。

图 8-13　腰钩

腰钩和坐钩的区别在于穿着方式的差别，身体相应的受力点也有一些差别。风筝操作者可根据自身特点及偏好进行选择。偏好做跳跃、花式动作的风筝操作者通常选用腰钩。

此外，腰钩里藏有割线刀，当发生突发状况时，如被渔网或线组缠绕身体时，可用割线刀来自救。割线刀如图 8-14 所示。

图 8-14　割线刀

四、风筝板

风筝板可分为双向板、冲浪板和水翼板等类型。

1. 双向板

双向板由板体、脚套、手柄和尾鳍等辅件构成，如图 8-15 所示。

图 8-15　双向板

板面上有两个脚套，可以根据个人习惯进行调整。板的中间点有一个提手，叫作手柄，拎板的时候使用。板的背面有 4 个尾鳍，主要起切水的作用。板的边缘跟尾鳍的旁边有切水槽，也称作排水槽。

材质：树脂板或碳纤维板。树脂板相对重一点，弹性跟柔韧性较差。碳纤维板比较轻便，柔韧性更强，抗震性也更好。

尺寸：110~190 厘米。根据风力、体重的不同，选用的板的大小也不同。风力小的时候需要选大块一点的板，提供更大的浮力。

适用性：双向板属于风筝冲浪入门的基础板。根据用途，双向板分为滑行板、花式板、竞速板等。

2. 冲浪板

和传统冲浪板材质一样，它由泡沫、树脂、尾鳍和脚贴等材料组成，只是比传统冲浪板的尺寸小。根据体重，选用不同尺寸的冲浪板。冲浪板如图 8-16 所示。

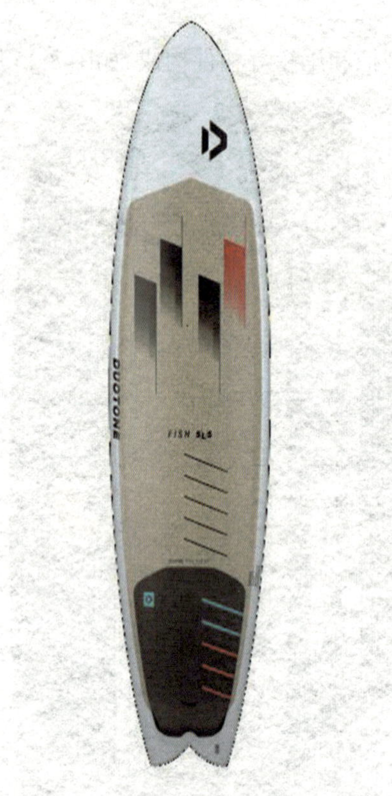

图 8-16　冲浪板

3. **水翼板**

它是由冲浪板底部加装水翼组成的。水翼由碳纤维杆和翼组成,杆和翼之间通过钛合金垫片连接,然后连接于冲浪板上。水翼板如图 8-17 所示。

图 8-17　水翼板

五、其他辅助设备

风筝冲浪的其他辅助设备包括打气筒、风筝包、头盔、防撞衣或救生衣、冲浪服、防寒服、潜水鞋、冲浪手套、防晒霜和冲浪眼镜等,如图 8-18 所示。

图 8-18 其他辅助设备

第三节 风筝冲浪运动的环境条件

一、风的方向

风筝冲浪时如遇到向岸风或斜向岸风,在海上出现状况的时候,风会把人带回岸;如遇到离岸风,则会将人往大海方向吹。不建议在受离岸风的地方玩。

二、风的等级

可以查看预报软件 App,或者借助参照物,比如沙粒、树和旗帜,然后考虑使用多大的风筝。

三、风筝的位置

尽量选择在沙滩的上风(约 1/3)处,把更多的空间(约 2/3)留在下风处,有一个安全的距离。这样如果遇到故障或者在失误的时候,可以有一个安全着陆的区域。

四、安全距离

必须保证人的上风跟下风至少要有 30 米的空旷空间,防止风筝掉落时碰到障碍物。

五、障碍物

(1)沙滩上:石头、木桩、游客和宠物等。

(2)水里:渔网、浮标、快艇、船只和游泳者等。

(3)大的建筑物、山、坝等物体:上风方向比较大的建筑物、山、坝等物体会对气流产生比较大的影响。影响范围是障碍物高度 3~7 倍的距离。

六、风筝冲浪的穿着

(1)温度低时需要穿 3~5 毫米厚的防寒胶衣,温度高时需要穿防晒衣。

(2)防撞服既能抗撞击,保护身体,也带有一些浮力。

(3)脸部和身体要做一些防晒措施,因为海边的紫外线强,需要用防晒指数高的防晒霜。如图 8-19 所示的运动员的脸上涂的是防晒棒,有物理隔离的效果。

图 8-19　防晒措施

(4)选择合适的帽子,夏天可以防晒,冬天可以御寒。

第四节 风筝冲浪运动器材的组装

一、打开风筝

将风筝从背包里取出，握住主气囊的中心气嘴的中心点，然后将风筝左右打开。同时理顺线组，防止卡住风筝边缘。打开风筝如图 8-20 所示。

图 8-20 打开风筝

二、风筝充气

用打气筒给风筝充气。首先打气筒的挂钩挂在风筝主气囊的挂绳上(防止风筝被风吹走)，然后将打气筒的气管连接到风筝的气嘴上，打完气后将其旋紧。风筝充气如图 8-21 所示，注意此时身体应背对着风。

图 8-21 风筝充气

充完气的风筝(如图 8-22 所示)会很轻,风吹过来,只用一只手拎着风筝的线,它就会飘起。

图 8-22　充完气的风筝

三、卡连接管

风筝的主气囊跟支气囊之间有一个连接管,气是通过这里来流通的。这里有个卡扣,将支气囊和主气囊进行阻断。当一个支气囊或者主气囊发生漏气时,它不会全部漏气,便于在海上遇到特殊情况的时候可以继续有足够的浮力漂浮在水面上,来保证安全。卡连接管如图 8-23 所示。

图 8-23　卡连接管

四、风筝反扣

风筝反扣是指将风筝反扣在沙滩上。风筝有个仰角,风会把风筝往下压,但是有时候因风力太大,会把风筝吹飞。所以可以将沙子盖在风筝上面,然后将风筝的线找出来放好。风筝反扣如图 8-24 所示。

图 8-24　风筝反扣

五、理线

理线是指解开控制把的线，从风筝这一端开始放线，往下风方向边走边放，放到底后，将控制把鲜艳的线放在左手那一侧。把线顺着风筝方向理好，左手将 4 根线理清，防止打结，依顺序连接到风筝的线组上。风筝线上有不同的颜色，例如红色就是跟红色的线进行对接。理线如图 8-25 所示。

图 8-25　理线

六、戴腰钩

戴好腰钩之后把卡扣扣好，把边绳收紧，确保腰钩跟身体贴合，不要留出太多的空隙。戴腰钩如图 8-26 所示。

图 8-26　戴腰钩

七、控制把连接腰钩

首先把挂环套在腰钩的环上,插销插入腰钩环,最后将安全绳扣上。这样控制把跟腰钩就连接好了。控制把连接腰钩如图 8-27 所示。

图 8-27　控制把连接腰钩

八、安全三步骤

(1)将控制把推到最远处松开:风筝会自动掉落。如图 8-28 所示。

图 8-28　安全步骤(一)

(2)快速向前释放安全锁扣:安全锁扣释放之后,风筝会对身体失去拉力。如图

8-29 所示。

图 8-29　安全步骤(二)

(3)释放安全绳。当风筝释放安全锁扣之后,还是会对身体产生拉力。这个时候为了确保人身安全,需要放弃风筝,释放第三道保险,即释放安全绳后风筝与身体的连接就全部断开。如图 8-30 所示。

图 8-30　安全步骤(三)

九、手势

起风筝手势如图 8-31 所示。

图 8-31　起风筝手势

降风筝手势如图 8-32 所示。

图 8-32　降风筝手势

停止手势如图 8-33 所示。

图 8-33　停止手势

返回手势如图 8-34 所示。

图 8-34　返回手势

求救手势如图 8-35 所示。

图 8-35 求救手势

十、收装备

1. 收控制把

左手握住手把，将线组以“8”字方式缠绕于控制把。收控制把如图 8-36 所示。

图 8-36 收控制把

2. 收风筝

(1)握住主气囊，将风筝“乌龟躺”，旋开放气口(打气口)，释放气管阀，将气囊内的气放干净。如图 8-37 所示。

图 8-37 收风筝(一)

(2)折风筝:沿着风筝的底边,每 20 厘米左右一折,两边向中间气囊折,然后尾部向主气囊方向折三折,收入风筝包。如图 8-38 所示。

图 8-38 收风筝(二)

(3)将泡过海水的装备用淡水冲净,晾干收起。

第五节 陆地控制风筝的教学

在进行陆地控制风筝的训练时,应选择在开阔的沙滩上,没有尖锐物、障碍物和游客等。10~25 节的风最适合,学员根据体重选择合适的风筝,必须戴好头盔。

一、身体姿势

两腿微张与肩同宽,当风筝在身体左边时,左脚在前;反之,风筝在身体右边时,右脚在前。模拟脚踩在板上的方向。身体重心靠后,防止阵风时,风筝将身体拉拽后,身体飞出去,这样可以有一个缓冲卸力区。收腹,手臂前伸,手掌和四指轻握控制把,大拇指轻搭控制把。不能握死控制把,防止在紧急情况下因紧张而忘记释放控制把。抬头,目视控制把、线组、风筝等的情况。身体姿势如图 8-39 所示。

图 8-39 身体姿势

二、风筝起飞原理

风通过气流来推动风筝往上升。风筝起飞原理如图 8-40 所示。

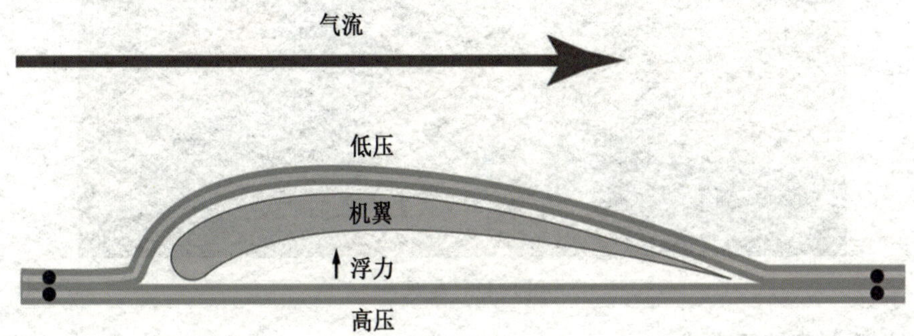

图 8-40　风筝起飞原理

三、时钟半圆的刻度

时钟半圆的刻度如图 8-41 所示。

图 8-41　时钟半圆的刻度

四、操控风筝的练习

1. 起风筝

穿戴好后,握着控制把,顺着上风方向走到与风筝成 90°角位置,此时风筝线组会绷直,对腰有轻微的拉力。伸大拇指,告知你的伙伴“我准备好了”,他就可以放开风筝了。一只手轻拉控制把,另一只手握住安全栓(如遇风筝失控,可以紧急释放安全栓),风筝通过气流,从 3 点或 9 点,往 12 点方向慢慢升起。起风筝如图 8-42 所示。

图 8-42　起风筝

2. 单手刻度练习方式

左手操纵控制把的练习：

(1)从 3 点，到 2 点，再回到 3 点，重复练习，直至掌握这个刻度。

(2)从 2 点，到 1 点，再回到 2 点，重复练习，直至掌握这个刻度。

(3)从 1 点，到 12 点，再回到 1 点，重复练习，直至掌握这个刻度。

左手操纵控制把的练习如图 8-43 所示。

图 8-43　左手操纵控制把的练习

右手操纵控制把的练习：

(1)从 9 点，到 10 点，再回到 9 点，重复练习，直至掌握这个刻度。

(2)从 10 点，到 11 点，再回到 10 点，重复练习，直至掌握这个刻度。

(3)从 11 点，到 12 点，再回到 11 点，重复练习，直至掌握这个刻度。

右手操纵控制把的练习如图 8-44 所示。

图 8-44 右手操纵控制把的练习

3. 风筝定点的练习

先练习将风筝停于 2 点。由于风是实时变化的，所以需要调整控制把，将风筝保持在 2 点。依此类推，进行 1 点、12 点、11 点、10 点等的练习。

4. 左右手同时操纵的练习

先练习将风筝停于 12 点，左右手同时操纵，通过调整控制把，将风筝保持在 12 点。再练习双手控制风筝，从 12 点往 1 点、2 点，再回到 1 点、12 点；反之，练习从 12 点到 11 点、10 点。整个练习都在时钟的半圆刻度的范围内。

5. 移动式操纵风筝的练习

当掌握风筝的定点练习后，可以开始通过移动身体来操纵风筝。先用单手操纵风筝，保持在 1 点或 11 点方向，然后移动身体，身体往上风移动 10~50 米（根据沙滩的大小），下风移动 10~50 米，或左右移动。移动式操纵风筝的练习如图 8-45 所示。

图 8-45 移动式操纵风筝的练习

6. 单手握板的练习

单手握板就是一只手操纵风筝,另外一只手握着板。将板贴着大腿,防止被风吹得乱甩。单手握板如图 8-46 所示。

图 8-46　单手握板

7. 风筝的降落

给你的伙伴一个手势(轻拍自己的头顶),将风筝从 12 点慢慢往 9 点或者 3 点方向降落。降落后的风筝对身体就没有什么拉力了。伙伴接到风筝后,将风筝反扣在沙滩上。风筝的降落如图 8-47 所示。

图 8-47　风筝的降落

8. 安全三步骤的实操练习

(1)起风筝后,将控制把推到最远处松开,风筝会自动掉落。

(2)快速释放安全锁扣,风筝会对身体失去拉力。

(3)释放安全绳。风筝与身体的连接就全部断开。

五、穿脱板的练习

（1）在陆地上练习穿脱板。臀部平坐于沙滩上，身体重心往后躺，穿板，将板抬离地面，如图 8-48 所示。

图 8-48　穿脱板（一）

（2）伸腿练习：伸左脚，板斜向前，再转换成右脚，如图 8-49 所示。

图 8-49　穿脱板（二）

（3）快速踢弃板，防止扭脚，如图 8-50 所示。

图 8-50　穿脱板（三）

第六节　水中操作风筝的教学

一、水里自起风筝的练习

风筝掉落水中之后,风会将风筝吹到起风角的状态。当风筝达到起风角之后,只要轻轻拉控制把的一侧,就可以将风筝升起。水里自起风筝如图 8-51 所示。

图 8-51　水里自起风筝

二、"甩 8"的练习

首先了解风窗原理,如图 8-52 所示。

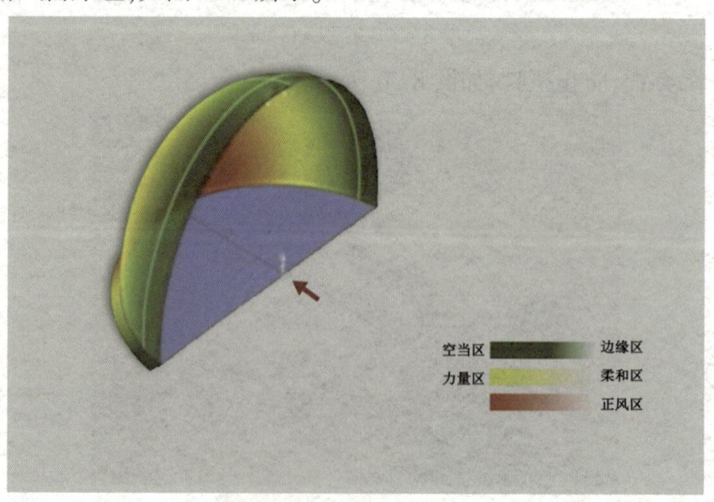

图 8-52　风窗原理

做"甩 8"的练习,是将风筝从 12 点方向往身体的正前方 45°左右方向甩,再回到

12 点方向，每次的加压会对身体形成一次拉力，甩一次加强一次。“甩 8”如图 8-53 所示。

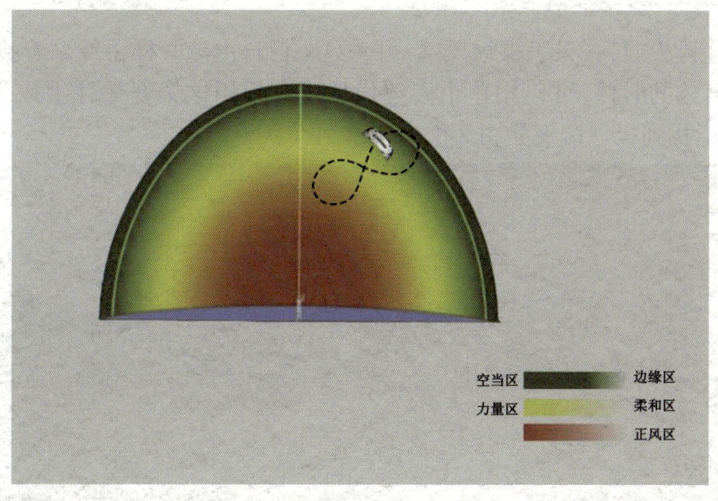

图 8-53 “甩 8”

三、水拖的练习

水拖是指处于水深淹没大腿到腰之间的位置时，身体向前扑，保持平稳，头部露出水面，在空中连续“甩 8”，风筝对身体产生拉力，然后拖着人往海的方向前进。持续地“甩 8”一直往前，走到达沙滩一半左右的位置时，风筝回到 12 点；反之，往回岸方向“甩 8”，风筝将身体往岸边下风处拖，直至脚可以触地。控制风筝往沙滩上风处，进行多次训练。在练习中要感觉到风筝对身体和腰钩有持续的拉力作用。水拖如图 8-54 所示。

图 8-54 水拖

四、捡板的练习

练习水拖捡板时，一只手操纵风筝，另一只手像自由泳一样手臂贴着脸，身体绷直。当风筝拖动身体的时候，可以用这个姿势横切水。采用这个姿势往上风方向行走，走"Z"字形，直至找到板。捡板如图 8-55 所示。

图 8-55　捡板

五、自救的练习

(1)水拖至身体触碰不到海底的深度。

(2)释放安全栓后，风筝掉落于水面，对身体失去拉力。

(3)四指并拢，大拇指朝上抓住安全绳，缠绕于控制把上。安全绳缠绕到安全节点时，风筝失去拉力，再将其余三根线一起缠绕于手把，如图 8-56 所示。当身体靠近风筝时，抓住风筝主气囊的边缘，将风筝底面朝上翻。

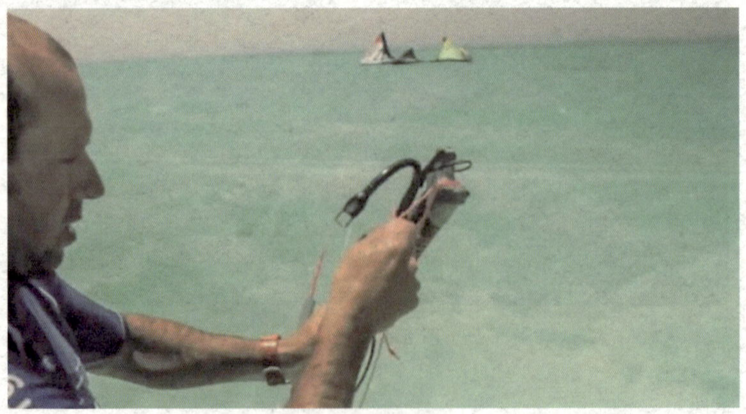

图 8-56　自救(一)

（4）身体趴在主气囊上，拉住其中一根线，将风筝做成帆的形状，往岸边的方向飘，（此种方法可在有向岸风或者无风时采用），如图 8-57 所示。

图 8-57　自救（二）

（5）将风筝在水中打包成“漂浮包”：释放主气囊的气，保留支气囊的气，两边的气囊往中间气囊卷，然后手把线缠绕风筝，做成“漂浮包”。身体趴在风筝做成的“漂浮包”上往岸边游（此种方法可在距离海岸不远，有离岸风或有船只救援时采用），如图 8-58 所示。

图 8-58　自救（三）

第七节 上板的教学

一、上板的练习

（1）控制风筝，走到海水没过脚踝的位置，水深为 30 厘米左右，如图 8-59 所示。

图 8-59 上板（一）

（2）坐下，保持身体平衡。收腹，快速地将板穿到脚上，如图 8-60 所示。

图 8-60 上板（二）

（3）控制重心的平衡，单手控制风筝，保持在 12 点方向，将风筝往前“甩 8”，再回到 12 点方向，如图 8-61 所示。重复做几次，甩的速度逐次加快，力量逐次加大，直至找到能将身体拉起的力量。在甩风筝时，甩的力量小了，则身体拉不起来；甩的力量大了，则身体容易向前扑。需要反复调整甩风筝的速度和控制把的力量、角度并加强训练。

图 8-61　上板(三)

(4)当风筝将身体拉起时,前脚往下风方向伸直,身体重心放于两脚之间。当滑行速度变快后,把重心慢慢往后脚移,同时风筝继续需要往 12 点方向甩去,时刻保持风筝对身体的拉力,如图 8-62 所示。

图 8-62　上板(四)

(5)当拖行到下风处时,及时上岸,从沙滩走到上风处,继续做上板练习。

二、转向

(1)要放慢速度。

(2)风筝慢慢往 12 点方向回,然后将后脚转换成前脚,前脚和后脚交换,如图 8-63 所示。

图 8-63　转向(一)

(3)风筝要根据想去的方向继续往前甩,如图 8-64 所示。

图 8-64　转向(二)

三、下板

先让风筝慢慢地回到 12 点方向,平稳之后坐到沙滩上,然后把板踢掉,或者把板摘下来就可以了。

第八节　航行规则

航行规则如下：

(1)海上的要让准备下水的。因为在海上的人调头转向比较快，如图 8-65 所示。

图 8-65　航行规则(一)

(2)两个风筝上下滑线交汇时，在上风处的人有优先权。上风处的人应将风筝抬高，下风处的人则应将风筝调低，如图 8-66 所示。

图 8-66　航行规则(二)

(3)风筝在同一个航线上相对的时候，必须是左让右，左手行驶的需要让右手行驶的，如图 8-67 所示。

图 8-67　航行规则(三)

(4)风筝冲浪者在遇到其他水上运动者时,要避让他们。因为风筝冲浪掉头和改变路线的速度比较快。

第九章
龙舟运动

第一节　龙舟运动概述

一、龙舟的起源及龙舟运动的定义

龙舟是端午节竞渡用的龙形船，由中国“龙”图腾文化衍生发展而来，是中华民族的瑰宝。龙舟竞渡经过悠久的历史发展成为流传至今的龙舟运动。

龙舟运动是一项众多划手依靠单片桨叶的划桨作为动力，通过鼓手、划手、舵手齐心协力的方式推动龙舟前行的水上运动。它是集竞技、健身、娱乐、文化于一体的传统体育项目，展现了中华民族“同舟共济、奋力拼搏”的精神。

二、龙舟运动的发展

据文献记载，龙舟竞渡最早起源于战国时期的一项祭祀运动，发展至今已有几千年历史，是我国传统节日端午节的主要习俗。关于端午节的传说有很多，广为流传且富有代表性的是每年的五月初五，人们以传统龙舟竞渡的形式来纪念爱国诗人屈原。1976年举办的首届香港国际龙舟邀请赛是龙舟运动发展的分水岭，在此之后，龙舟运动呈现普及并发展的趋势。

1984年，国家体委将龙舟列为全国正式开展的体育项目，同年第一届“屈原杯”全国龙舟赛在广东省佛山市成功举办。1985年，中国龙舟协会在屈原的故乡湖北省宜昌市成立（现总部设于北京）。1991年，国际龙舟联合会在香港地区成立。1993年，亚洲龙舟联合会在澳门地区成立。1995年，第一届世界龙舟锦标赛在湖南省岳阳市成功举办。2005年，中国大学生体育联合会赛艇与龙舟分会成立。2010年，龙舟项目首次被列入亚洲运动会。2011年，国家体育总局社会体育指导中心、中国龙舟协会与中央电视台体育频道联合举办了中华龙舟大赛。2014年，国际龙舟联合会第一届龙舟世界杯在福建省福州市成功举办。2021年，龙舟作为表演项目亮相东京奥运会。2022年，首届世界龙舟联赛(福州站)在福建省福州市成功举办。

纵观龙舟运动的发展历程,龙舟运动已从自发走向组织,从国内走向国际。随着龙舟运动科学化、产业化的发展,古老的龙舟运动已登上国际竞技体育的更大舞台。

第二节 龙舟运动的介绍与器材

一、龙舟运动的介绍

龙舟运动有多种竞赛形式,根据赛制不同,分为直道赛、绕标赛、拉力赛、往返赛、拔河赛等;根据场地不同,分为水上龙舟、冰上龙舟、陆地龙舟、草地龙舟、雪地龙舟等其他各种形式的竞赛。竞赛场地的常规设施有登舟台、发令台、起点台和终点裁判塔。龙舟运动员从职能上划分为划手、鼓手、舵手。

二、龙舟运动的器材

通常,龙舟都用于竞赛。为保留中华民俗传统,龙舟运动的器材一般都配备龙头、龙尾、鼓、舵和划桨。传统龙舟可按各地的习俗配备锣。

(一)龙舟的结构与分类

1. 龙舟的结构

(1)龙头:大都用整木雕成,造型依各地风俗而定。龙头分为国标龙头(如图 9-1 所示)和传统龙头(如图 9-2 所示)。

图 9-1 国标龙头

图 9-2 传统龙头

(2)舟体:龙头至龙尾的中间部分,内为横木座位,如图 9-3 所示。

(3)龙尾:大都用整木雕成,充满鳞甲纹路,如图 9-4 所示。

图 9-3 舟体

图 9-4 龙尾

2. 龙舟的分类

竞赛场上常见的龙舟有传统龙舟、国标龙舟和冰上龙舟。

(1)传统龙舟

国内各地传统龙舟的外观各具特色,划手人数不一。比较有代表性的龙舟分布在广东顺德、湖南麻阳、贵州铜仁、江西上饶、浙江温州、福建福州等地区。通常一条龙舟上的参赛人数为 32~80 人,鼓手在中间,在比赛中秉承了许多传统习俗。福州传统龙舟如图 9-5 所示。

图 9-5 福州传统龙舟

(2)国标龙舟

国标龙舟也称标准龙,按人员数一般分为三种:大龙,俗称 22 人龙,由 20 位划手、1 位鼓手、1 位舵手组成;小龙,俗称 12 人龙,由 10 位划手、1 位鼓手、1 位舵手组成;五人龙,由 5 位划手组成。

A. 大龙

大龙的总长 18.4 米,型长 15.5 米,型宽 1.1 米,型深 0.53 米。结构为模压一体成型,通常采用复合材料。有纵贯船体的整根龙筋。龙舟两端设有密封舱,前密封舱长度≥268 厘米,后密封舱长度≥308 厘米。前后密封舱设有内径≥18 厘米的密封舱盖,密封舱底安装有排水装置,每条 4 个,坐板前倾 5°,划手座位下方两侧须有全脚掌发力系统。舟体龙鳞需采用无缝工艺(手触摸时无凹凸截面),船体内舱、舟底两侧、划手座位、鼓位等须有防滑设置。有可调节性鼓位。空载龙舟内舱注满水,外加 300 千克的重量后,船体仍不下沉。国标龙舟大龙如图 9-6 所示。

图 9-6 国标龙舟大龙

B. 小龙

小龙的总长 12.95 米，型长 10.95 米，型宽 1 米，型深 0.5 米。结构为模压一体成型，通常采用复合材料。有纵贯船体的整根龙筋。舟体设有密封舱，划手坐凳板处有独立密封舱，与甲板坐板密封连接，使上下左右成为一体且设有导水口。全舟共有 8 个密封舱。龙舟前密封舱长度≥265 厘米，后密封舱长度≥305 厘米。前后密封舱设有内径≥18 厘米的密封舱盖，坐板前倾 5°，有全脚掌发力系统。舟体龙鳞需采用无缝工艺（手触摸时无凹凸截面），船体内舱须防滑。有可调节性鼓位。空载龙舟内舱注满水，外加 200 千克的重量后，船体仍不下沉。国标龙舟小龙如图 9-7 所示。

图 9-7 国标龙舟小龙

C. 五人龙

五人龙的总长 8.9 米，型长 7 米，型宽 1 米，型深 0.5 米。五人龙在珠三角最盛行，以广东省佛山市三水区白坭镇为代表。五人龙一般以杉木打造，头尖、腰细、尾窄，修长轻巧，竞赛时不设舵手和鼓手。因为减小了配重，五人龙速度更快，极具观赏性。五人龙如图 9-8 所示。

图 9-8　五人龙

(3)冰上龙舟

冰上龙舟是传统龙舟运动项目的创新和延伸,打破了龙舟运动季节的局限性,更具速度和激情。冰上龙舟的器材与分类不作阐述。冰上龙舟如图 9-9 所示。

图 9-9　冰上龙舟

(二)划桨的结构与分类

1. 划桨的结构

划桨的长度为 1.05~1.3 米,由桨柄、桨杆、桨叶组成。划桨的结构如图 9-10 所示。

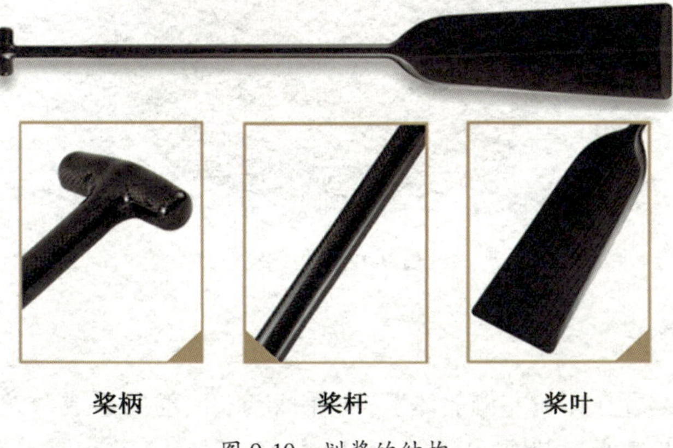

图 9-10　划桨的结构

2. 划桨的分类

根据材质不同，划桨分为木质划桨、碳纤划桨。划桨的分类如图 9-11 所示。目前，龙舟竞赛使用的划桨大都采用碳纤材质。

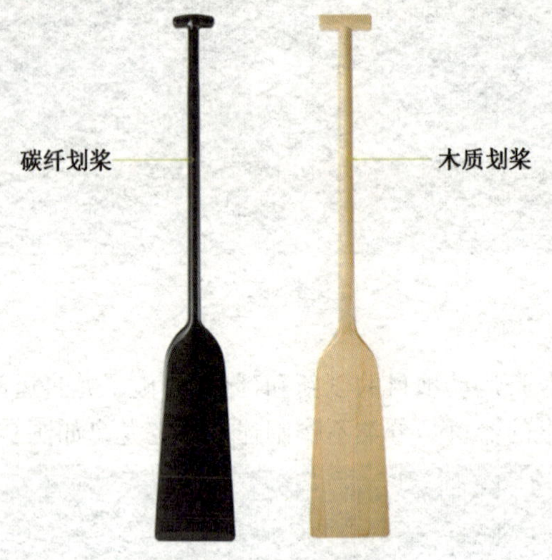

图 9-11 划桨的分类

（三）龙舟鼓

龙舟鼓一般分为单面鼓与双面鼓。国标龙舟采用的是单面鼓，鼓的直径为 35 ~ 45 厘米。与龙舟鼓配套的有鼓槌和鼓手座椅。龙舟鼓如图 9-12 所示。

图 9-12 龙舟鼓

（四）龙舟舵

龙舟舵固定装置在尾舱左侧船体上，由舵柄、舵杆、舵叶组成。龙舟舵大都采用木制。龙舟舵的总长 3 米，舵叶长 1.1 米，舵叶宽 13.5 厘米，舵叶厚 1.5 厘米，舵杆直径 4.5 厘米。龙舟舵如图 9-13 所示。

图 9-13 龙舟舵

（五）坐垫

坐垫的长度为 32.5 厘米，宽度为 15 厘米，厚度为 5 厘米，外形为 U 形。坐垫通常使用的是 EVA 材质，柔软舒适、携带方便。坐垫套在龙舟坐板上，在龙舟运动时可以更好地保护臀部皮肤，也可作为龙舟划桨的保护套。坐垫如图 9-14 所示。

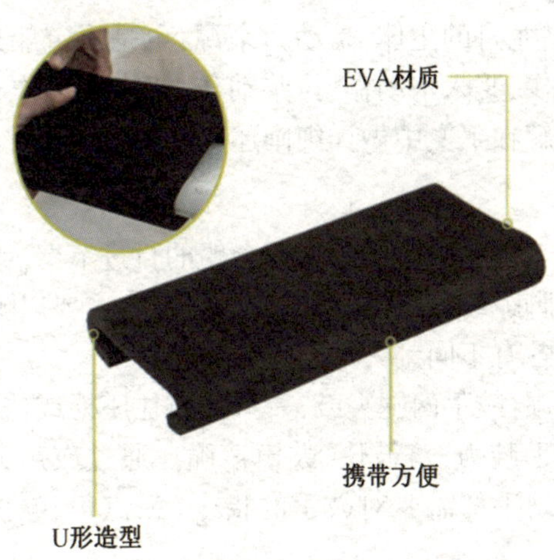

图 9-14 坐垫

（六）救生衣

龙舟运动中所使用的救生衣多数为背心式救生衣，参见第一章图 1-3，在本章节中不作阐述。

第三节　龙舟运动的技术动作与教学

一、龙舟运动的技术动作

龙舟运动的技术动作常规有两种：跪姿划（如图 9-15 所示）和坐姿划（如图 9-16 所示）。跪姿划以广东地区最常见。以下介绍中国龙舟竞赛的主流坐姿划。

图 9-15　跪姿划

图 9-16　坐姿划

（一）龙舟运动的基本技术

1. 划手的基本技术

龙舟运动中，划手是龙舟的主体，是动力来源，也是决定船速的关键。划手的基本动作分为桨入水预备动作、桨入水动作、拉桨动作、桨出水动作、回桨动作等五个动作。划手基本技术的动作分解在下文中做详细阐述。

2. 鼓手的基本技术

鼓手是龙舟的灵魂，负责鼓舞士气，指挥全船的行进节奏。鼓手的常规打鼓姿势有站立打鼓、坐立打鼓、单脚跪姿打鼓等三种，龙舟竞赛中主要以坐立打鼓为主。鼓点、鼓法因地域习俗的差异而各有不同。

坐立打鼓的技术要领：鼓手两腿夹鼓，一只手抓住座椅或扶住鼓边，另一只手敲鼓，打鼓时，思想集中，控制手腕力，落鼓快，鼓声清脆。通过鼓声力度的大小和节奏的快慢，指挥划手行进，每名划手都需要对鼓手的指令（鼓点声、喊声、动作）心领神会。坐立打鼓如图 9-17 所示。

图 9-17　坐立打鼓

3. **舵手的基本技术**

舵手是龙舟的核心，控制龙舟的方向，保持最佳行进路线。舵手的技术水平直接影响龙舟行驶的速度与安全。掌舵的常规姿势有坐姿、跪姿、站姿等三种，龙舟竞赛中主要以站姿为主。以下介绍双手站立掌舵。

双手站立掌舵的技术要领：身体侧对前进方向，右脚前、左脚后，头右转，目视前方。舵手的左手握住舵杆，右手抓住舵柄，舵叶平面与水面垂直，舵手掌舵时需时刻观察周围的安全情况。双手站立掌舵如图 9-18 所示。

图 9-18　双手站立掌舵

舵手需遵循舵手位置、鼓手位置、终点位置“三点一线”的原则。龙舟在离岸、行进、转弯掉头、靠岸、遇大风浪时，舵手根据不同情况采用点式、拨式、拖式、摇式等不同的掌舵技术。舵手根据左右两侧划手的力量平衡船体，使船能够直线行驶。在静水的情况下，舵叶向内侧，船头向左转；舵叶向外侧，船头向右转。

（二）龙舟运动的配合技术

龙舟运动讲究团队协作、步调一致、相互配合，要处理好人、水、器材三者的关系。鼓手掌握节奏，与领桨手配合默契；划手与领桨手动作保持一致；舵手把好方向，并和划手协调配合。一条船要做到一条心，为一个共同的目标而拼搏，最终取得集体的胜利。

二、龙舟运动的教学

龙舟运动的核心是划桨技术，高效的划桨是提高龙舟行进速度的关键。以下主要介绍划手的动作。

（一）桨入水预备动作

桨入水预备动作包括坐姿、握桨、前伸三个要点。以下介绍均以右划手为例，左划手的技术要求与右划手相反。

1. 坐姿

臀部坐在龙舟坐板前沿上，核心肌肉收紧。髋关节及大腿紧贴船舷，右侧腿（外侧腿）前脚掌紧蹬前舱的挡板，左侧腿（内侧腿）屈膝，脚跟后伸，贴紧后舱的挡板。坐姿如图 9-19 所示。

图 9-19　坐姿

2. 握桨

右手握桨杆即为下方手，左手握桨柄即为上方手。上方手是指食指、中指、无名指、小指四指并拢，大拇指包住桨柄。左肩向上外展，肘关节大于 120°，内旋略高于头顶。下方手是指距桨颈 10～15 厘米处（约一拳半），大拇指和食指紧握桨杆，中指、无名指、小指稍放松。右肩外展内旋，肘关节约呈 180°，身体重心前移，桨叶与水面约呈 60°。上方手、下方手、桨杆呈三角支撑。握桨如图 9-20 所示。

图 9-20 握桨

3. **前伸**

核心肌肉收紧，身体前倾，上方手握紧桨柄，下方手肘关节约呈 180°并向前伸展。桨杆平行于船舷，桨叶下缘贴近水面，与水面约呈 45°~50°。前伸如图 9-21 所示。

图 9-21 前伸

（二）桨入水动作

桨入水动作是指从桨叶下缘接触水面到桨叶全部没过水中的阶段。

核心肌肉收紧，在入水瞬间，上方手利用身体力量向下压桨。下方手的拳头贴紧水面。

桨入水技术要领：桨入水要准确、柔和、轻快。桨频不同，躯干转体、身体前倾角度也不同。高桨频时，适合躯干转体为主，身体前倾约 45°；中低桨频时，身体前倾约 60°。桨入水如图 9-22 所示。

图 9-22　桨入水

（三）拉桨动作

躯干保持核心肌肉收紧状态，上方手，握紧并撑住桨柄。下方手，五指握紧桨杆，右侧腿（外侧腿）蹬腿的同时肩后移。沿船舷向后直线拉桨，拉桨至膝盖和髋之间。桨叶入水到桨叶出水的这段距离（约 80 厘米）即有效划距。

拉桨技术要领：开始阶段，保持桨叶面与水面基本垂直。拉桨过程中，上方手、下方手伸直，保持划桨高度和入水深度，使桨叶抓稳水。

通过蹬腿的动作，躯干力量带动下方手，完成拉桨动作，桨入水和拉桨动作应连贯、一气呵成。拉桨如图 9-23 所示。

图 9-23　拉桨

（四）桨出水动作

桨出水时，上方手，腕旋内放松上抬提桨，使桨叶卸水。下方手，肘部弯曲顺势外摆，使划桨尽快脱离水面。

桨出水技术要领:桨出水后,肩、背、腰、臂、腿处于放松状态。桨出水如图 9-24 所示。

图 9-24　桨出水

(五)回桨动作

桨出水后,双手松弛握桨,桨叶下缘贴近水面,并向前呈小弧形,恢复到桨入水位置。

回桨技术要领:回桨时,弧度不能太大,上方手提桨不能过高,以免造成肌肉疲劳。回桨如图 9-25 所示。

图 9-25　回桨

第四节　龙舟运动的安全事项

一、龙舟运动的环境安全

龙舟运动是一项多人参与的体育项目，对训练及比赛环境的安全评估是确保龙舟运动参与人员安全的重要前提。运动环境包括训练及比赛用场地、水域、码头等。自然环境因素也尤为重要，开展活动前应关注当地气象条件并提前做好计划。三日内应无连续暴雨等恶劣天气，活动当日若有台风、中到大雨不得训练，如遇雷雨天应立即停止训练并上岸。

二、龙舟装备的安全检查

在训练及比赛前，为确保船只正常运行，需检查以下几项：

(1) 龙头、龙尾、鼓、舵、划桨已安全装配。

(2) 系泊绳已安全系紧舟体。

(3) 舟体不漏水，备有舀水工具。

(4) 备有拖船索和抛绳。

三、安全登舟、安全上岸及倾覆应对方法

1. 安全登舟

登舟前，两名人员作为安全员，位于龙舟中段，双手扶住船舷，其他人员依次从后舱往前舱有序登舟。安全员最后登舟。离开登舟码头前，安全员应清点龙舟上的人数，舵手应确保龙舟的左右两边平衡。安全登舟如图 9-26 所示。

图 9-26　安全登舟

2. 安全上岸

龙舟靠岸后，两名人员作为安全员先上岸，位于龙舟中段，双手扶住船舷，其他人员依次从前舱往后舱有序上岸。安全员清点上岸人数后，将停泊绳安全系紧舟体。安全上岸如图 9-27 所示。

图 9-27　安全上岸

3. 倾覆应对方法

龙舟在行驶或转向过程中，如遇到相撞的危险情况时，鼓手、舵手、划手应迅速响应。划手统一双手横握划桨，桨杆紧靠船舷，下方手，将桨叶面与水面垂直并向下压水，减速，保证龙舟航行安全。此动作俗称“挡水”，如图 9-28 所示。划手将桨从后向前划水，此动作俗称“倒车”，如图 9-29 所示。划手和舵手协调配合，直至龙舟安全停稳。

图 9-28　挡水

图 9-29 倒车

如因划行步调不一致、风浪大等导致龙舟倾斜，划手应身体稍向船舷外倾，双手横握划桨，桨杆紧靠船舷，下方手，将桨叶面平贴水面并向下压水，稳定龙舟，保证安全。此动作俗称“展翅压水”，如图 9-30 所示。

图 9-30 展翅压水

四、龙舟运动员的水上救护

参加训练及比赛的运动员需具备独立游泳（不限泳姿）200 米的能力。救护工作应贯彻“以防为主、防救结合、有备无患”的救生原则，详见第一章第三节水上运动的自救与救援，此处不再赘述。

第十章
动力装置水上运动

第一节　摩托艇运动

一、概述

摩托艇又称动力艇,是第二次工业革命的产物,产生和成长于欧美发达资本主义国家。摩托艇是驾驶以汽油机或柴油机为动力的机动艇在水上竞速的一种体育活动,起源于19世纪末。摩托艇的基本原理主要是通过一种喷射的驱动装置来产生水流,水流在摩托艇底部叶轮的推动之下,通过导流管喷到摩托艇的后面,产生的推力使摩托艇不断前进。摩托艇如图10-1所示。

图10-1　摩托艇

二、发展历史

19 世纪末期,摩托艇在欧美资本主义国家最先出现并迅猛发展。1886 年,法国人哥特托里·德伊姆拉首先把内燃机安装到艇上,引起世人竞相仿效。随着这种轻快灵活的小艇的普及,一些船主产生了一试高低的想法,开始组织摩托艇比赛,摩托艇运动就此产生。摩托艇运动是一项融科技、竞争、观赏和刺激于一体的高端水上体育运动。操纵摩托艇的技术关键是起航、加速、绕标、超越和冲刺等。

中国是国际摩托艇联盟的正式成员。国际摩托艇联盟每年举办各个级别的世界锦标赛、洲际锦标赛和国际大奖赛等。中国于 1956 年正式开展摩托艇运动,并于当年成立了国家摩托艇队,翌年参加了在保加利亚举行的第二届国际水上运动会,一举获得 1 枚金牌、3 枚银牌和 3 枚铜牌,为祖国赢得了荣誉。中国从 20 世纪 80 年代初开始每年均派队参加世界锦标赛,曾三次获得世界亚军。2002 年,中国江西选手彭林武在芬兰举行的 0–125 级摩托艇世界锦标赛上一举夺得世界冠军,实现了中国摩托艇世界锦标赛金牌零的突破。

三、驾驶摩托艇时需要注意的技巧和事项

摩托艇操作相对比较简单,但是初学者最好先由专业人士教学并陪伴驾驶,等熟练掌握操作技巧后再独自驾驶前行。驾驶摩托艇时,安全头盔和救生衣等安全措施是必不可少的。开艇前,需把开关绳系在手腕上,万一身体甩离艇体,摩托艇会自动关机,不至于伤人。两艇高速对驶时,与陆地开车靠右行驶一样,应该靠右避让。需要特别注意的一点是,摩托艇是靠喷射水流来推动前进、控制方向的,所以艇即将靠岸的时候,应该慢慢减速,而不是一下子关机。如果熄火,方向就不能控制了,惯性会使摩托艇直冲岸边。在驾驶过程中不要离岸太远。年龄未满 16 周岁或年龄超 60 周岁,患有心脏病、高血压的人群最好不要驾驶摩托艇。

1. 基本的摩托艇驾驶技巧

(1)离开浮桥或泊位。倒退通常是离开浮桥的最佳方法,反向挂倒挡并推离浮桥。摩托艇与浮桥的距离比较大时,调整方向,艇头摆直,挂前进挡,加大油门向前驶去。离开浮桥如图 10-2 所示。

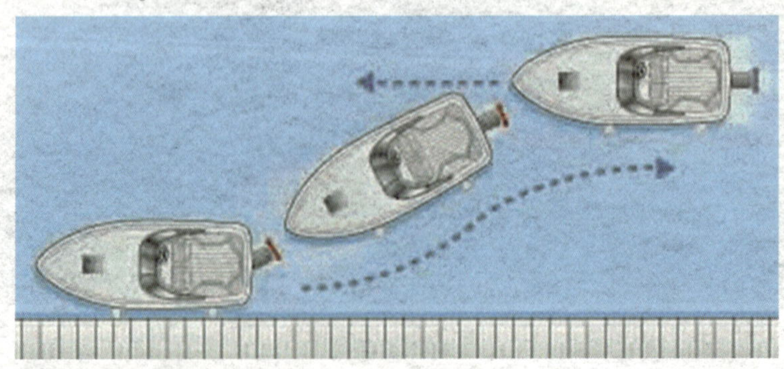

图 10-2 离开浮桥

(2)由于艇头的弯曲程度要比艇尾的弯曲程度大,因此可以很好地挡住艇头区域,轻轻地向浮桥方向行驶,将艇尾推离浮桥,如图 10-3 所示。

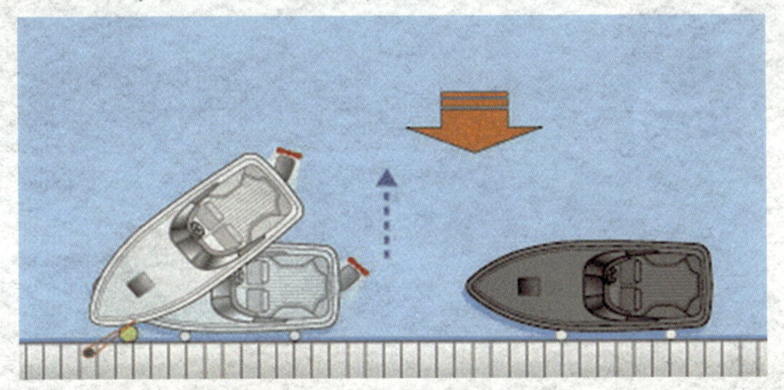

图 10-3　将艇尾推离浮桥

(3)船只向前直接发动驶离时,会将艇尾打向浮桥,如图 10-4 所示。

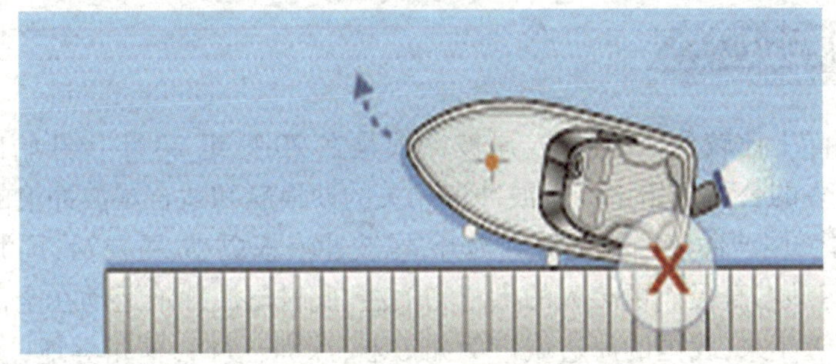

图 10-4　将艇尾打向浮桥

2. 维护保养

摩托艇是一项在水上进行运动的器具,这意味着摩托艇是一直存放在水面上的,保养摩托艇时应将摩托艇上面的水擦拭干净,因为水会对摩托艇造成一定的损害。如果长时间不使用,那么需要将摩托艇拖回岸上进行保养。在冬天,如果很少使用摩托艇,那么需要将油箱里的油放干净,还需要将摩托艇放置在干燥、通风良好的地方,同时打上一层蜡,这样的保养会使摩托艇更加光鲜。

第二节　尾波冲浪运动

一、概述

尾波冲浪是在尾波冲浪艇造的浪中冲浪,这是与传统冲浪的区别。冲浪者尾随船只,通过船只制造的波浪做出技术动作,而不是由船一直牵引滑行。冲浪者一开始由拖绳牵引,当冲浪者达到一定速度站起后就应抛开拖绳,在船只制造的波浪上做出各种冲浪动作。尾波冲浪一般使用的是特定的造浪船只。尾波冲浪如图 10-5 所示。

图 10-5　尾波冲浪

二、发展历史

目前按国际上比较公认的说法，尾波冲浪是在 20 世纪 20 年代开始出现的，20 世纪 60 年代，更多的公司开始生产尾波冲浪相关的冲浪艇和适合尾波冲浪的冲浪板。到 20 世纪 80 年代，尾波冲浪的技术得到提升，尾波冲浪板更小、更灵活，尾波冲浪的观赏性得到提升，运动本身吸引更多人的参与和关注，此时尾波冲浪运动在全世界范围内逐步流行起来。近年来，我国的海边城市例如三亚、深圳、厦门、福州等地，逐渐出现专业的尾波冲浪俱乐部，尾波冲浪运动在民间得到蓬勃发展，越来越多的爱好者参与到此项运动中来。

三、尾波冲浪艇的介绍

尾波冲浪艇也叫作滑水艇，能制造出类似海里的卷浪，如图 10-6 所示。

图 10-6　尾波冲浪艇

制造尾浪的原理：船的重心整体移动到船的尾部，将船尾更多的部分埋入水中，形成更强推力的尾浪。船底导流槽对水的引导，取代了原有疯狂增加船内压水袋数量的做法,即便船内压水袋不注水,也能制造出与大腿高度一样的尾浪。

另外,大多数高端冲浪艇的压浪板都有一个带有摇摆板的系统,它们从船的横梁两侧摆动或者滑下,使得船只的运行姿态虽只发生微小的变化,但却能获得一个巨大的尾浪。无论玩家是高手还是新手,是左脚在前还是右脚在前,都不会再像以前那样需要对船只的重量配置进行不停的调整。

最酷的是,现在的造浪系统可以让船的两侧都制造出相同的尾浪,这样玩家可以在行驶的同时完成左浪或右浪随时随地的切换,为玩家提供更多的玩法。

四、尾波冲浪的基本技巧

冲浪者通过牵拉绳与冲浪艇保持连接。冲浪艇未起动之前,冲浪者平躺在水面上并将冲浪板置于身体前方,双脚踩在冲浪板的中央位置。冲浪艇起动后,冲浪者将身体慢慢抬起,从平躺在水面的姿势逐步转变成站立在冲浪板上,等船只达到一定速度并制造出足够的尾波可以支撑冲浪者在波浪上划行时,冲浪者即可将牵引绳扔掉,开始尾波冲浪。尾波冲浪如图 10-7 所示。

图 10-7 尾波冲浪

第三节 水上飞行器运动(水上飞人)

一、概述

水上飞行器是来自法国的水上飞行游乐产品,发明人是法国的弗兰克·扎帕塔。水上飞行器运动(水上飞人)利用脚上喷水装置产生的反冲动力,让玩家在水面之上腾空而起，另外配备手动控制的喷嘴，用于稳定空中飞行姿态。水上飞行器运动如图10-8所示。玩家能在水底潜行，并像海豚一般跃出水面，激起层层浪花。喷射装置产生的巨大推动力可以将玩家的上升高度提升至接近10米，让玩家领略高于一切的海岸新视角。

图10-8　水上飞行器运动

二、水上飞行器的原理

水上飞行器主要利用的是力学。附在喷气滑水艇上的一个巨大管子抽吸海水后再通过该管子将水喷出，利用水流冲击的原理，两股巨大的水柱将玩家顶上空中，在海面飘浮起来，就像在“飞”一样。然而这“水上漂”的功夫看起来容易，实则需要玩家调动全身的肌肉和韧带来协调平衡，对于体能有着相当严格的要求。

水上飞行器的核心其实是一台配合用的摩托艇，摩托艇的发动机不断为水上飞行器提供高强度的水压，这样才能让玩家在空中飘浮起来。水上飞行器连接在摩托艇上，一旦起动摩托艇并加大油门，大量水便打入管道并送达飞行器，高压水再通过飞行器的排水口高速排出产生反作用力，玩家就可以在水面上飞起来了。

水上飞行器对摩托艇也是有要求的。摩托艇提供的动力需将水上飞行器的飞行高度提升到5米，有些摩托艇则可以将水上飞行器的高度提升到10米。过高的高度对于新手而言有一定的危险性，初次尝试时一定要量力而行。

三、设备配置和运动技巧

（一）设备配置

水上飞行器相关的配置要求：①具备喷射底座的飞板。它是构成整个飞行器的主体，而玩家需要穿专业的滑水靴子，并且能和飞板绑定。②一套旋转系统。它的原理是利用水压清除软管之中的泥沙，以防止喷水口被卡住。③大型供水软管和可以旋转

180°的转弯头。前者用于水上飞行器的作用力,后者则能辅助完成一些高难度动作,如旋转、空翻之类。④手持喷嘴。它主要用来控制摩托艇的油门,往往摩托艇的速度和水上飞行器的耐久力呈正相关。具体设备如下:

(1)飞板(喷射底座)。

(2)滑水鞋/滑水靴子。

(3)一套旋转系统。

(4)大型软管。

(5)180°弯头。

(6)喷嘴接管。

(7)接驳器(安装在摩托艇喷射罩上)。

(8)手持喷嘴。

(二)运动技巧

1. 水上飞人的运动要素

水上飞人的运动要素有三点:绷直、收腿、蹬。

2. 水上飞人的动作要领

(1)水平静止:动作比较简单,只要膝盖微微弯曲,两只脚水平踩在飞行器上,摩托艇保持匀速行驶,就可以做到在水面水平静止。

(2)水平旋转:对于初学者来说比较难,主要动作是左脚脚尖向前踩,右脚脚跟向后踩,利用水柱的反作用力进行旋转。

四、运动安全

在尝试的时候,一定要选择一个空旷的水域。天气最好是没有雨或者风,尤其风,如果风力大的话,对飞行肯定是有影响的。在使用的过程中,会有一股向上的冲力,时时刻刻影响着身体的平衡,而玩家需要做的就是不慌乱,不断调整身体的重心。

注意事项如下:

(1)第一次玩水上飞行器时身体要挺直,膝盖微微弯曲,一定不要左右摇摆,应该控制自己的身体,尽量保持平衡。

(2)要注意落水时保持垂直,避免落下时摔伤。初次体验要慢慢升高,这样就会安全很多。

(3)颈椎、腰椎不好和患有心血管疾病的病人不适合玩水上飞行器。

(4)150 千克以内的人都能玩水上飞行器。

(5)水上飞行器飞行区域的水深要在 2 米以上。

第四节　动力冲浪运动

一、动力冲浪板的由来

国外的品牌捷波是早期生产动力冲浪板的厂商之一。它在1965—1968年开始生产动力冲浪板。捷波最初的设计师是波音飞机公司的前工程师。捷波的设计目的是通过脚部使用飞机饰板凸耳滚轮控制来加速。它有一个简单而巧妙的安全关闭开关,使用一块磁铁将两个电气端子连接在一个点上,该点位于发动机表面的水密舱口附近。骑手将一条带子绑在脚踝上,并用一条柔软的钢丝线绑在磁铁上。当骑手跌倒时,安全关闭开关可以停止发动机。

二、现代动力冲浪板

现代动力冲浪板是一种机动冲浪板,骑手可以使用手持遥控器控制速度,并使用重量转移来操纵冲浪板。自从引入动力(包括使用汽油和使用电池两种方式)冲浪板后,一种被称为喷气冲浪的新型水上运动便出现了。

动力冲浪板约2.5米长,0.6米宽,整体呈流线型,重为70~90千克。动力冲浪板由新型复合材料制作而成,时速可达55千米。船体装有操纵手柄、电子打火开关按钮以及油门控制器,在冲浪板底部配有单缸水冷二冲程发动机和喷泵系统(也有的用电池提供动力)。动力冲浪板如图10-9、图10-10所示。

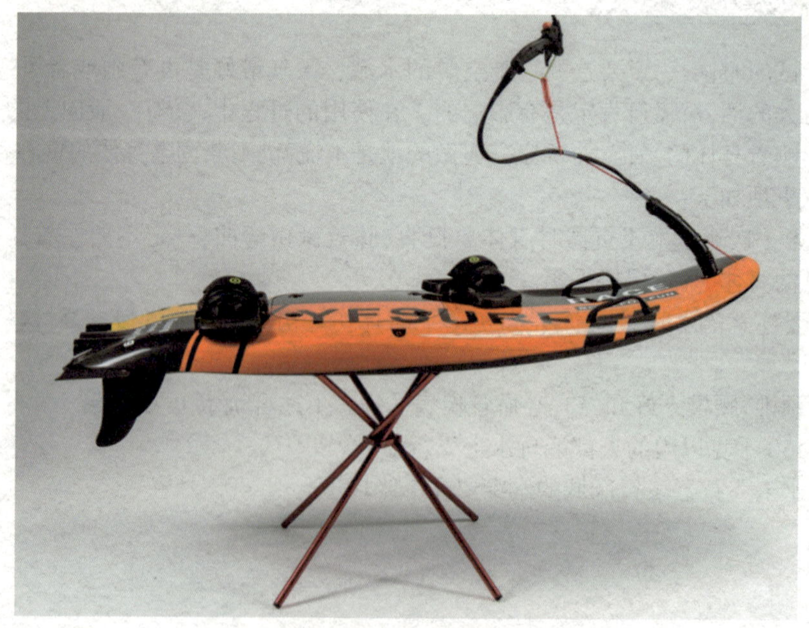

图10-9　动力冲浪板(一)

图 10-10 动力冲浪板(二)

近年来,随着动力冲浪板的飞速发展,其在全球范围越来越受欢迎。通过这种令人愉快和令人兴奋的体验,动力冲浪板成为传统水上运动的创新补充。动力冲浪板消除了传统冲浪板的麻烦,因为它可以在没有风或浪的情况下骑行,也无须烦琐地划桨,因为只需按一下按钮即可骑乘。与传统冲浪相比,喷气冲浪学习起来更轻松,用户在短时间内即可掌握这项运动。这使得该项水上运动适合不同身体条件、年龄、经验水平和骑行风格的广大人群。另外,由于可以在湖泊、河流、运河、海洋中使用,喷气冲浪具有很大的应用潜力。因此,动力冲浪板成为对海上爱好者和冒险家有极大吸引力的租赁选择。

三、动力冲浪板的工作原理

冲浪是最具挑战性的运动之一。然而,自然条件的限制,决定了人们并不能随时随地都能冲到真正的海浪。但若使用动力冲浪板,人们就可以在任何水域中都能享受冲浪的乐趣。

动力冲浪板的工作原理是,利用独立的动力源(例如电动机或螺旋桨)在水中为自己供电,自己制造波浪,完成在任何水域中冲浪的过程。

动力冲浪板的结构和设计类似于传统的冲浪板。但是,与传统的冲浪板不同,动力冲浪板具有独立的电源。这些独立的电源包括一个类似于摩托车的发动机,一个类似于电动车的蓄电池。所有的动力冲浪板都设计为浮力板(类似于冲浪板的样子),在动力冲浪板的后端,通常可以找到冲浪板的发动机或电动机。发动机通常放置在冲浪板的末端,利用喷气推进将冲浪板推向其目的地。玩家从趴在冲浪板上开始,逐步到半跪直至站立在冲浪板上。通常玩家利用手中的无线遥控器来加速或者调控冲浪板的速度,达到自己想要的冲浪效果。

参考文献

[1] 国家体育总局青少年体育司,国家体育总局水上运动管理中心. 中国青少年皮划艇训练教学大纲[M]. 北京:北京体育大学出版社,2017.

[2] 徐水强,史正祥. 静水桨板培训教程[M]. 武汉:中国地质大学出版社,2020.

[3] 马科多. 冲浪运动从入门到精通:全彩图解版[M]. 李怡,译. 北京:人民邮电出版社,2016.

[4] 徐菊生,余汉桥. 龙舟运动高级教程[M]. 北京:中国电力出版社,2015.

[5] 中国龙舟协会. 中国龙舟竞赛规则与裁判法:2020 年版[M]. 北京:人民体育出版社,2021.